David Schwarz

JEFFREY DAHMER

Auf den Spuren des Serienmörders

Impressum
Deutschsprachige Erstausgabe April 2024

Vertreten durch
ATR Verlag e.U.
Thomas Kotnik
Sparbersbachgasse 30 | 8010 Graz | Österreich

Schreibe uns bei Fragen, Kritik oder Anregungen gern direkt eine E-Mail unter:
jd@atr-verlag.com

Cover: deincoverdesign.de

ISBN: 978-3-9505552-0-2

Inhalt

Vorwort

Die Idee zu diesem Buch ist aus meiner Leidenschaft zu True Crime heraus entstanden. Das Thema Jeffrey Dahmer stand bald fest, jedoch sollte es kein klassisches Buch sein. Angesichts der zahlreichen Darstellungen des Serienmörders in Podcasts, Filmen und kürzlich auch einer Netflixserie, entschied ich mich für einen anderen Ansatz: wechselnde Perspektiven. Dadurch sollten auch einmal andere Aspekte seiner grauenhaften Taten beleuchtet werden. Es ist mir zudem leichter gefallen, mich in die Gedankenwelt dieser Menschen einzufühlen, als in die Abgründe des Verstandes von Jeffrey Dahmer. Was in seinem Kopf vorging, kann wahrscheinlich niemand wirklich begreifen.

Die QR-Codes wurden eingebaut um potenziell neue Hintergrundinformationen zu vermitteln und das Buch noch interaktiver zu gestalten.

Um das Thema etwas aufzulockern und um einen zusätzlichen Unterhaltungsfaktor zu schaffen, wurden die Rätsel in das Buch integriert. Dabei war es mir ein besonderes Anliegen, die Ernsthaftigkeit des Themas und die Würde der Opfer zu wahren. Ich bin zuversichtlich, dass mir dies gelungen ist. Falls die Rätsel einmal zu herausfordernd sein sollten, findest du ab Seite 124 Hinweise. Auf Seite 126 stehen dann die Auflösungen.

Dies ist mein Erstlingswerk und der Weg zum fertigen Buch war mit einigen Herausforderungen gespickt. Gerade deshalb bin ich sehr stolz darauf, was ich geschaffen habe.

Ich hoffe von Herzen, dass ihr beim Lesen ebenso viel Freude empfindet wie ich beim Verfassen dieses Buches!

Kapitel 1

Ein ungewöhnliches Kind

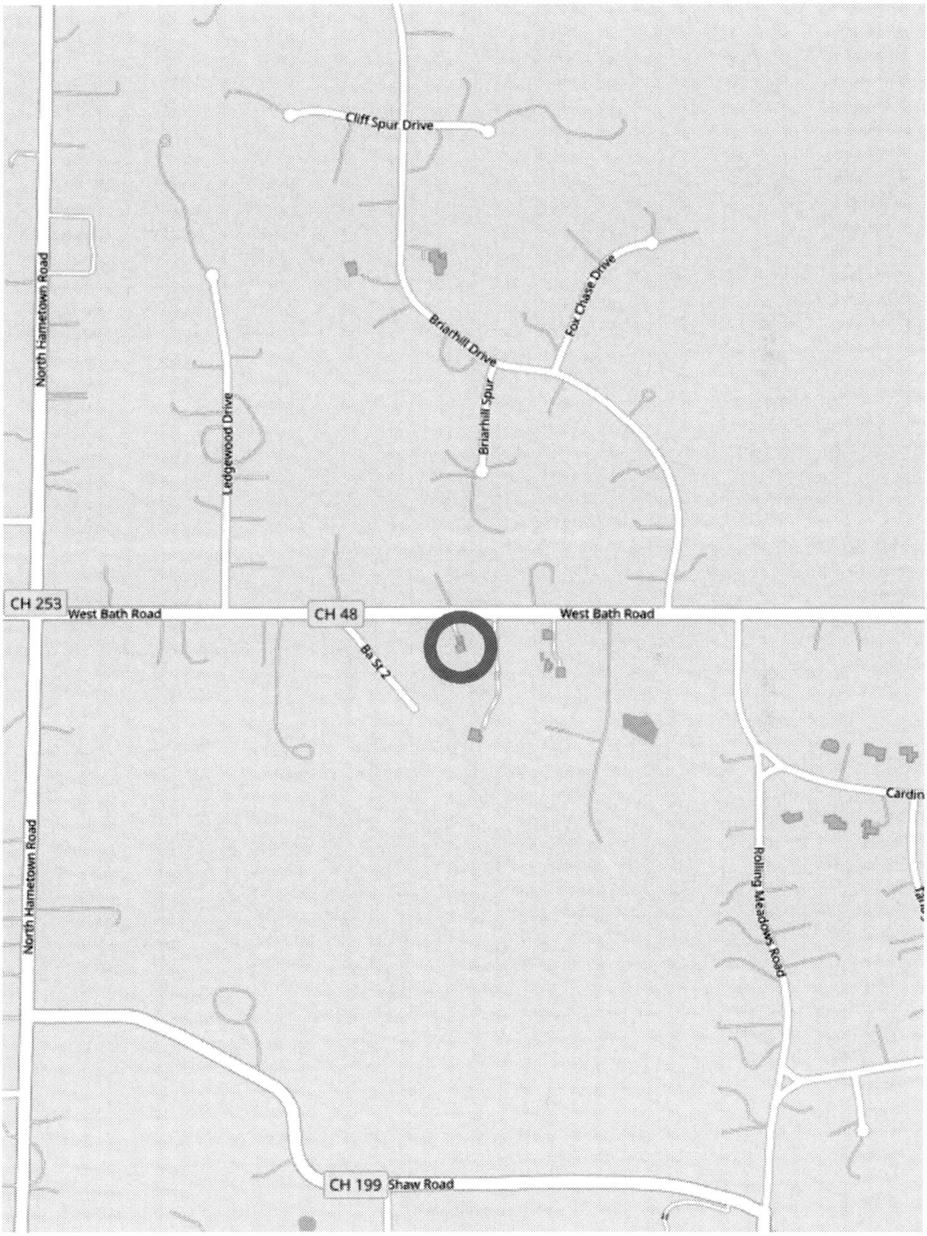

Ich liebe meine Söhne, alle beide. Und ich liebe meine Frau Joyce. Daran besteht kein Zweifel. Natürlich hat jeder in der Familie kleinere Eigenarten, die es regelmäßig schaffen, mich in den Wahnsinn zu treiben. Vor allem Jeff hat eine Art an sich, die ich manchmal gar nicht nachvollziehen kann. Doch im Gegensatz zu meiner Frau sind Jeff und David noch Kinder.
Sie sind formbar, ihr Charakter ist noch nicht in Stein gemeißelt. Mit dem richtigen Schliff wird es mir gelingen, sie in die Spur zu bringen und dafür zu sorgen, dass aus ihnen mal etwas werden wird. Genau wie aus ihrem alten Herrn. Klar würde es mich freuen, wenn sie sich auch für Wissenschaften interessieren, am besten für Chemie. Doch im Moment bin ich schon zufrieden, wenn sie es schaffen, sich ordentlich in die Gesellschaft zu integrieren, Freunde zu finden und anerkannt zu werden. Dies gestaltet sich allerdings nicht ganz einfach.

Jeffrey als Baby mit Vater Lionel und Mutter Joyce

Als Jeff im Jahr 1960 auf die Welt kam, war ich gerade mal 24 Jahre alt und schon von Anfang an war Joyce nicht in der Lage, sich so um ihn zu kümmern, wie es andere Mütter tun. Die Ärzte diagnostizierten ihr eine postnatale Depression. Sie ist nicht aus dem Bett gekommen, war permanent niedergeschlagen und hatte keine Energie. Zwar sehe ich in ihr immer noch die Frau, der ich geschworen habe, ihr in guten wie in schlechten Tagen beizustehen, doch je länger ich sie kenne und je älter wir werden, desto mehr zeigen sich ihre psychischen Probleme. Sie hatte damals noch nicht einmal ein Interesse daran, unser Baby in den Arm zu nehmen. Das muss schlimm für sie gewesen sein. Für mich war es das, ich denke nicht gern daran zurück. Eine frisch gebackene Mutter, die das Glück in den Augen anderer Eltern sieht, aber dies selbst nicht fühlen kann. Ich bin mir sicher, dass sich Joyce gern mehr um Jeffrey gekümmert hätte, doch aufgrund ihres Zustands einfach nicht dazu in der Lage war. Unser kleiner Sohn war deshalb oft allein und bekam nicht die Liebe, die ein Säugling eigentlich bekommen sollte. Ich habe mich sehr bemüht, ihm die quasi abwesende Mutter zu ersetzen. Es waren sehr harte Monate und Jahre für uns alle. Leider hat mir häufig die Möglichkeit gefehlt, um mehr Zeit mit Jeffrey zu verbringen. Denn ich bin nie der klügste Student gewesen, und musste dafür einer der Fleißigsten sein. Ich wollte meiner Familie etwas bieten. Also musste ich mein Privatleben zurückstellen und lernen, was das Zeug hielt. Ich habe während dieser Zeit an der Marquette University studiert. Eine tolle Uni! Ich erinnere mich gern daran zurück. Zwar habe ich mich schon immer für Chemie interessiert, doch meine Professoren haben es geschafft, die Begeisterung dafür regelrecht zu kultivieren. Dafür bin ich ihnen unendlich dankbar. Sie haben mich gelehrt, dass echter wissenschaftlicher Fortschritt nur durch das nötige Maß an Fleiß und Aufwand erreicht werden kann. Inzwischen habe ich einen Doktortitel und arbeite in der Forschung. Der Schwerpunkt meiner Dissertation war die chromatographische Trennung von Niob, Tantal, Molybdän und Wolfram. Vermutlich sagt Ihnen das nichts und das einzige Wort, welches in diesem Satz eine Bedeutung für Sie hat, ist vielleicht Wolfram. Doch die American Chemical Society war begeistert von meinem Werk und druckte meine Thesen zwei Jahre nach meiner Doktorwürde in ihrer Zeitschrift ab. Sie können sich kaum vorstellen, wie stolz ich war, meinen Namen in einem so renommierten Paper zu lesen. Ich hoffe, dass meine Kinder auch einmal so ein Gefühl erleben werden.

Scanne diesen QR Code und erfahre mehr über die Dissertation von Lionel Dahmer!

Aber wieder zurück zu unserem Familienleben - wie beschrieben hatte es Jeffrey in seinen ersten Lebensjahren nicht leicht. Er musste von Anfang an viel Zeit mit sich allein verbringen. Damals schien das jedoch noch kein Problem zu sein. Er war zwar unser erstes Kind, doch ich hatte den Eindruck, dass seine Entwicklung recht normal verlief. Er war ein fröhlicher und aufgeweckter Junge. Bis sich durch seinen doppelten Leistenbruch im Alter von vier Jahren alles änderte. Die Schmerzen, die er verspürt haben muss, müssen grausam gewesen sein. Natürlich wurde er operiert. Offen gestanden, es gab durchaus Momente in denen ich glaubte, dass er es nicht schaffen würde. Ich habe mir sehr große Sorgen gemacht und jede freie Minute bei ihm im Krankenhaus verbracht. Als er dann von der Narkose aufwachte, schien sich sein Wesen irgendwie verändert zu haben. Er war ruhiger. Ein bisschen zu ruhig, wenn Sie mich fragen. Er zog sich immer mehr in sich zurück, sprach kaum und verhielt sich im Allgemeinen eher merkwürdig. Nicht mehr so, wie ein normaler Vierjähriger. Nicht mehr so, wie mein kleiner Junge.

Als Jeff in die Schule kam, schien ihm alles zuzufallen. Die Lehrer beschrieben ihn als extrem intelligent, fügten aber hinzu, dass er nichts daraus mache. Eigentlich ist es eine Schande. Hätte ich damals seine Intelligenz gehabt und sie mit meinem Fleiß verknüpft; wer weiß, wo ich dann heute stehen würde?! Bei unserem zweiten Sohn David ist die Sache anders. Von den Lehrern hören wir nur Gutes über ihn. Er ist mittlerweile acht Jahre alt und scheint in seiner Klasse sehr beliebt zu sein. Jeffrey hingegen ... Nun ja, die meisten seiner Mitschüler mögen ihn nicht. Freunde hat er keine und er verbringt die meiste Zeit allein auf seinem Zimmer. Joyce und ich streiten uns deshalb regelmäßig. Ich bin der Meinung, sie hätte in der Schwangerschaft mit Jeff nicht so viele Medikamente einnehmen dürfen und dass dies eventuell ein Teil unseres Problems ist. Aber der Arzt hat sie ihr damals verschrieben und sie ist sich keiner Schuld bewusst. Auch ihre Depressionen belasten uns, außerdem hat sie eine irrationale Keimphobie entwickelt. Sie hat uns sogar verboten, fremden Menschen zur Begrüßung die Hand zu geben und hat immer ein Desinfektionsmittel dabei. Die Kinder berührt sie fast gar nicht mehr - diese haben in der Schule zu viel Kontakt mit Bakterien und Keimen. Kein Gute-Nacht-Kuss, keine Umarmung wenn sie nachhause kommen. Keine körperliche Nähe, seit Jahren. Auch für mich nicht. Können Sie sich vorstellen, wie das ist? Kaum zu glauben, dass unsere Ehe immer noch nicht vollständig in die Brüche gegangen ist. Es kommt allerdings immer häufiger vor, dass wir uns beide so sehr in Rage versetzen, dass die Polizei schlichten muss. Die Jungs bekommen das alles mit und ich bin mir sicher, dass sie sich die Schuld an unseren Auseinandersetzungen geben. Insbesondere Jeff ist sehr sensibel.

Das Haus der Familie Dahmer in Bath

Ursprünglich hatte ich gehofft, dass alles anders werden würde, sobald wir in Bath wohnen. Dank meiner harten Arbeit hatten wir endlich genug Geld für ein schönes Haus, in dem jeder sein eigenes Zimmer bekam. Die Lage war traumhaft. Mitten im Wald gelegen befanden wir uns im Herzen der Natur. Schon bei den Gesprächen mit dem Immobilienmakler malte ich mir aus, wie wir alle zusammen beim Frühstück auf der Terrasse sitzen, den Duft von Holz und Blättern atmen und dabei die Herrlichkeit der Bäume bewundern würden. Ich weiß, es klingt romantisch und wie das Drehbuch zu einem dieser Werbeclips im Fernsehen. Sie wissen schon, solche Clips, bei denen gesagt wird: „Trinken Sie morgens unsere Milch und schon beginnt Ihr Tag in völliger Harmonie." Und dann trinkst du diese Milch und nichts, aber auch gar nichts ist anders als zuvor.
Ungefähr so war es auch bei uns. In meiner naiven Vorstellung besaß unser Haus in Bath Superkräfte. Es hätte die Depressionen meiner Frau gelindert, es hätte aus Jeff einen offenen, jungen Mann gemacht, der mit

seinen Freunden durch den Wald zieht und Räuber und Gendarm spielt. Keine Spur mehr von den Nachwirkungen der Leistenbruchoperation. Und David hätte die besten Startvoraussetzungen erhalten, die ein Kind nur bekommen konnte. Wir wären die perfekte Familie gewesen.
Stattdessen waren wir wie diese Milch im Fernsehen. Ein leeres Versprechen, das sich in der Realität nicht einlöste. Die Depressionen von Joyce schienen nicht besser, sondern sogar noch schlimmer zu werden. Auch im neuen Haus standen Streitereien an der Tagesordnung und schon bald kannte uns auch hier die Polizei. Wir waren die Eheleute mit den „häuslichen Problemen". Sogar Joyce' Keimphobie schien durch die Nähe zum Wald noch schlimmer zu werden.

Jeffrey lud keine Freunde zum Spielen ein und wurde in Bath immer eigenbrötlerischer. An seiner merkwürdigen Art hatte sich nicht das geringste geändert. Er gab häufig den Klassenclown. Das ging soweit, dass er sich auf den Boden warf und einen epileptischen Anfall vortäuschte. Diese Aktionen trugen nicht gerade dazu bei, dass er beliebter wurde.

Scanne diesen QR Code und erfahre mehr über die Highschool von Jeffrey Dahmer!

Er ist jetzt mitten in der Pubertät und David hat schon die Hälfte der Grundschule hinter sich. Nicht mehr lange, dann wird Jeffrey auf die Revere Highschool gehen. Mit etwas Glück wird es ihm dort leichter fallen, Freunde zu finden. Eigentlich ist er ein netter Kerl. Er macht es seinen Mitschülern nur leider etwas schwer, das zu erkennen. Dabei habe ich alles Mögliche schon probiert. Ich habe ihm Baseball gezeigt, Football und all die anderen Sportarten, die mir als Kind so viel Spaß bereitet haben und bei denen ich Freunde fürs Leben gewann. Nichts davon konnte ihn begeistern. Auch nicht die Pfadfinder, die angeblich aus jedem amerikanischen Jungen einen Mann machen würden. Nichts half.

Jeffrey Dahmer als Teenager

Meiner Meinung nach hat es die Zeit bei den Pfadfindern sogar noch schlimmer gemacht. Jeffrey war ernsthaft bestrebt, sich zu integrieren und ein Mitglied des Teams zu werden. Allein die Tatsache, Messer benutzen zu dürfen und zu lernen, wie man ohne Streichhölzer ein Feuer entfacht, waren Motivation genug für ihn, sich einzubringen. Wären da nur nicht die Sticheleien der anderen Kinder gewesen.
Wer nicht der Norm entspricht, der wird ausgeschlossen und ist ein bevorzugtes Angriffsziel. Jeffs monotone Art zu sprechen war natürlich markant und eine seltsame Eigenschaft, die jedem sofort auffiel. Die Kids äfften ihn nach und mein intelligenter Jeff bemerkte sehr schnell, dass sie es nicht gut mit ihm meinten. Auch mit seinem zuweilen etwas exzentrischen Humor konnten sie nichts anfangen.

Bei Gruppenarbeiten wählte man ihn immer zuletzt und die, die ihn abbekamen, stöhnten auf, sobald sich abzeichnete, dass sie die „Niete" gezogen hatten. Er bekam die undankbarsten Aufgaben und erhielt nie die Gelegenheit, sein Potenzial zu entfalten. Hätte man ihn nur ein einziges Mal einfach akzeptiert, dann hätten die Jungs bei den Pfadfindern vielleicht bemerkt, dass in ihm ein guter Kerl steckte, der nützlich sein konnte. Es war frustrierend für mich als sein Vater, das alles machtlos mitanzusehen.

Eines Tages trieben sie es zu weit. Angeblich hatte der Leiter eine besondere Aufgabe für Jeff und die Kids meinten, er soll ein wichtiges Gerät aus dem Lagerschuppen im Wald holen. Ich weiß nicht genau, wie es passiert ist, da Jeffrey nicht gern über das Thema redet. Aber es muss wohl so gewesen sein, dass Jeffrey allein loszog und sich damit von der restlichen Gruppe entfernte. Am Schuppen angekommen, warteten einige seiner vermeintlichen Freunde auf dem Dach und übergossen ihn mit einer gelblichen Flüssigkeit, die sie zuvor selbst gesammelt hatten. Sie können sich vorstellen, worum es sich dabei gehandelt hatte und welchen unangenehmen Geruch Jeffrey den restlichen Tag verströmte.

Jeffrey Dahmer in der Revere Highschool

Noch in derselben Woche bat mich mein Sohn, ihn aus den Pfadfindern herauszunehmen und ich konnte es ihm nicht verübeln. Wer weiß, welche Gemeinheiten sich die Jungs noch hätten einfallen lassen, wenn Jeffrey weiter dort geblieben wäre. Da sie nun wussten, dass sie ihn verarschen konnten, wäre alles wahrscheinlich noch weiter eskaliert. Ich war mit meinem Latein am Ende und hatte mich schon beinahe mit dem Gedanken abgefunden, dass mein Sohn verloren war.

Doch neulich ist etwas Interessantes passiert. Joyce, Jeffrey, David und ich saßen beim Abendessen. Es war einer dieser seltenen Abende, an denen meine Frau und ich uns nicht stritten und an dem ich zumindest für einen kurzen Moment glaubte, dass wir eine harmonische Familie sein könnten. Jeffs Blick war weniger introvertiert als sonst. Er schaute mich mit Augen an, die völlig wach waren und die fast schon zu glühen schienen.
„Dad? Darf ich dir eine Frage stellen?“, fragte er mich aus heiterem Himmel.
„Das hast du doch gerade, mein Sohn“, sagte ich und war mir nicht sicher, ob er den Scherz verstehen würde. Doch wie schon einige Mal zuvor unterschätzte ich Jeffrey.
„Ja, schon klar. Aber ich würde dir gern eine Frage über Chemie stellen.“
Ich dachte, ich höre nicht richtig. Sollte mein Sohn nun tatsächlich Interesse an der Arbeit seines alten Herrn zeigen? Ich legte Messer und Gabel beiseite und schaute Jeffrey interessiert ins Gesicht. „Nur zu. Was willst du wissen?“
Mein Sohn legte ebenfalls sein Besteck neben den Teller und unsere Blicke trafen sich. Eigentlich hielt Jeffrey nicht viel von Augenkontakt, umso neugieriger war ich, was gleich kommen würde.
„Angenommen, ich würde die Knochen von einem Vogel bleichen. Was passiert dann mit ihnen? Und wie genau stelle ich es an?“
Mit einer so expliziten Frage hätte ich nicht gerechnet. Sie war erstaunlich spezifisch für einen 14-Jährigen. Ich antwortete: „Warum willst du das denn wissen?“
Jetzt sah Jeffrey auf seinen Teller und nahm das Besteck wieder in die Hand. „Ich habe neulich einen toten Vogel entdeckt und wollte wissen, woraus er besteht. Also habe ich ihn aufgeschnitten.“ Nachdem er das gesagt hatte, nahm er die Gabel in den Mund und spülte den Bissen mit einem Schluck Wasser hinunter.
Jeff hat Tiere schon immer gemocht. Das ist mir jedes Mal aufs Neue bewusst geworden, wenn ich beobachtet habe, wie er sich um unsere Hund Frisky gekümmert hat.

Jeffrey Dahmer mit Familienhund Frisky

Er ist ein sehr zurückhaltender Mensch und ich sah in diesem Moment am Essenstisch meine Chance, ihm näherzukommen und gleichzeitig einen positiven Einfluss auf ihn auszuüben.
„Was würdest du davon halten, wenn wir mal zusammen einen Vogel oder etwas anderes sezieren? Ich könnte dir erklären, wo die Organe liegen und wie die einzelnen Körperteile genannt werden. Klingt das gut?"
Mit einem Mal sah mein Sohn von seinem Teller auf und schaute mir nun schon zum zweiten Mal an diesem Abend tief in die Augen. Sein Gesicht umspielte ein Lächeln als er sagte: „Das würdest du machen? Ich hätte große Lust darauf! Wir könnten die Hauptstraße absuchen. Es ist zwar schon spät, aber wenn wir eine Taschenlampe mitnehmen, finden wir bestimmt trotzdem etwas Brauchbares."
Eine solche Begeisterung habe ich in seiner Stimme noch nie gehört. Normalerweise redete Jeffrey seit seiner Operation sehr monoton. Seine Mitschüler haben sich oft über seine Aussprache lustig gemacht, was ihn dazu brachte, nur noch weniger zu sprechen. Jetzt aber sprudelten die Wörter nur so aus ihm heraus. „Heute ist es schon zu spät, mein Sohn. Ich habe noch zu tun und du musst ins Bett. Doch am Wochenende können wir gern zusammen auf Tour gehen." Ich wusste, dass ihn diese Antwort enttäuschte, also fügte ich hinzu: „Für eine ordentliche Obduktion müssen wir uns Zeit nehmen. Die Anatomie eines Vogels ist kompliziert

und wenn du alles verstehen willst, müssen wir behutsam vorgehen."
Das schien ihn zu besänftigen. Er nickte und sagte: „Danke, Dad."
Noch nie fühlte ich mich ihm so nahe und ehrlich gesagt glaube ich, dass nicht nur er sich im wahrsten Sinne des Wortes tierisch aufs Wochenende freute, sondern ich mich auch. David und Joyce haben unsere Unterhaltung schweigend mitverfolgt. Von meiner Frau wusste ich, dass sie sich nicht besonders für Tiere, geschweige denn deren Anatomie interessierte. Bei David war es noch zu früh, das zu beurteilen.

Ich werde unsere erste Sektion nie vergessen. Das Objekt unserer Forschungen habe ich selbst ausgesucht und für meine Erklärungen bereitgelegt.
„Das ist ein nordamerikanischer Ochsenfrosch", sagte ich. „Die wissenschaftliche Bezeichnung lautet Rana catesbeiana."
„Rana catesbeiana" wiederholte Jeffrey und ich war stolz auf ihn, dass er das schwierige Wort so fehlerfrei betonen konnte.
Der Frosch lag auf dem Rücken, die Gliedmaßen von sich gestreckt. „Als erstes öffnen wir die Bauchhöhle mit einem Längsschnitt. Haut und Muskelgewebe ziehen wir zur Seite."
Mit meinem Skalpell legte ich die inneren Organe frei, sah Jeffrey an und fragte ihn, welche er identifizieren kann.
Er deutete mit dem Finger auf eine der kleinen Taschen im Inneren des Frosches. „Das ist die Leber", sagte er und ich nickte. Er schaute weiter und deutete dann auf den Darm, die Niere und das Herz.
„Alles richtig. Habt ihr so etwas schon mal in der Schule gemacht?", fragte ich.
„Bisher noch nicht. Ich habe mir das selbst im Biologiebuch angelesen."
„Sehr fleißig von dir."
Wir untersuchten noch das Atmungssystem und ich erklärte Jeff, wie der Gasaustausch stattfindet. Anschließend erläuterte ich die Funktionsweise des Verdauungstraktes und schlussendlich die der Fortpflanzungsorgane.

Scanne diesen QR Code und erfahre mehr über den nordamerikanischen Ochsenfrosch!

Lassen Sie mich nun einen kleinen Zeitsprung zum heutigen Tag machen. Jeffrey und ich haben mittlerweile fünf Operationen durchgeführt. Ich habe ihm erklärt, wie eine Gambelwachtel aufgebaut ist, wie ein Schwalbenweih von innen aussieht und einmal haben wir sogar einen toten Wegekuckuck entdeckt. Er hat jedes Wort von mir aufgesaugt wie ein Delfin, der beim Auftauchen nach Luft schnappt. Heute haben wir uns mit der Biologie eines Rotschultersärlings beschäftigt, als mir etwas Seltsames aufgefallen ist. Jeffrey war zwar, wie immer, sehr neugierig und hat mir aufmerksam zugehört. Doch gesprächig war er nicht. Und jedes Mal, wenn er etwas gesagt hat, klang es so, als wäre ihm die Zunge schwer geworden. Einmal habe ich sogar den Geruch von Bier wahrgenommen und als ich ihm in die Augen sah, waren sie glasig und gerötet. Trank er etwa heimlich Alkohol? Und das ausgerechnet an einem „unserer" Tage? Ich wollte den Moment mit ihm nicht kaputt machen, also habe ich nichts gesagt. Doch ich nahm mir fest vor, der Sache auf den Grund zu gehen. Im Moment sind meine beiden Söhne in der Schule. Ich habe noch eine Stunde, bis ich zur Arbeit muss und Joyce liegt - wie so oft - mit einer depressiven Verstimmung im Bett.

Das ist auch der Grund, warum ich mich gerade um die Wäsche kümmere. Jetzt, während Sie diese Zeilen hier lesen, falte ich Hosen zusammen, bügele Hemden und sortiere Socken. Eigentlich hätte ich Wichtigeres zu tun. Doch ich wäre nicht ich, wenn ich nicht aus den Zitronen, die mir diese Situation gibt, eine Limonade machen würde. Wenn ich gleich Jeffreys Klamotten in sein Zimmer bringe, werde ich Ausschau nach seinem Tagebuch halten. Vielleicht hat er etwas über seinen Alkoholkonsum hineingeschrieben. Und vielleicht erfahre ich auch, was genau er über unsere wöchentlichen Operationen denkt. Ich weiß, eigentlich sollte ich nicht so sehr in seine Privatsphäre eindringen. Aber ich werde aus dem Jungen einfach nicht schlau. Und jetzt noch die Sache mit dem Alkohol! Ich muss dem einfach nachgehen.
Nachdem ich alle Kleidungsstücke meines ältesten Sohnes übereinander gestapelt habe, begebe ich mich in sein Zimmer. Für einen 14-Jährigen ist es erstaunlich aufgeräumt. Alles hat seine Ordnung und ist an seinem festen Platz. Ich setze mich auf sein Bett und öffne die Schublade der Kommode, die neben seinem Schlafplatz steht.
Na, was sagt man dazu? Im Inneren befindet sich genau das, was ich gesucht habe. Das Tagebuch von Jeffrey Dahmer. Als ich es öffnen möchte, fällt mir auf, dass es verschlossen ist.

Um den kleinen Riegel zu entfernen, muss ich einen Code eingeben. Das ist typisch für ihn, er liebt Rätsel und Geheimnistuerei. Aber ich bin sein Vater. Sicher schaffe ich es, den Code zu knacken. Zuerst schaue ich auf die Rückseite des Buches. Nichts.
Dann fällt mein Blick in die noch offen stehende Schublade der Kommode. Mir fällt ein Zettel auf, der mir entgangen war, als ich das Buch herausnahm. Auf ihm scheinen Hinweise notiert zu sein.
Ich lese:

RÄTSEL 1:

Zahl 1:
Das Jahr, in dem ich zweimal geboren wurde:
Einmal ins Leben, einmal in die Dunkelheit.
Nimm die beiden letzten Ziffern dieses Schicksalsjahres.
Zahl 2:
Wie viele Vögel habe ich bereits mit meinem Vater obduziert?
Zahl 3:
Wie viele Mitglieder hat meine Familie?

Lösung: ______________________________

____

____

Auch wenn das Rätsel zu Zahl 1 etwas kniffelig ist, fällt mir rasch ein, auf welches Ereignis in seinem Leben Jeffrey hier anspielt. Mir geht auch durch den Kopf, dass er die Anzahl der Vögel für Zahl 2 einmal pro Woche ändern muss. Zahl 3 ist für mich natürlich keine Herausforderung. Ich setze alle Zahlen zusammen und stelle den Code des Schlosses beim ersten Versuch richtig ein. Mit einem leisen Klicken schnappt es auf und gibt mir den Blick auf den Inhalt des Tagebuchs frei. Meine Hände zittern. Was wird mich gleich erwarten? Ist es richtig, was ich hier mache?

Da ich in wenigen Minuten zur Arbeit muss, blättere ich zu den letzten drei Einträgen vor.

Seit kurzem weiß ich, dass ich anders bin. Anders als mein Vater es von mir erwartet und auch anders als die Gesellschaft mich haben möchte. Zwar habe ich mich schon immer von meinen Mitmenschen unterschieden, doch bisher waren es eher unbedeutende Kleinigkeiten. Kleinigkeiten an meiner Art, die dazu führten, dass ich kaum Freunde habe, dass man über mich gelacht hat, mich ausgegrenzt und nichts mit mir zu tun haben wollte. Selbst die Erwachsenen haben sich daran gestört, wie ich rede.

Doch jetzt ist etwas in mir passiert, über das ich mit niemandem sprechen kann. Vor unserem Haus joggt immer um dieselbe Zeit ein Mann. Wenn er mich sieht, dann grüßt er freundlich und in meinem Bauch fängt es an zu kribbeln. Ich würde nicht sagen, dass ich verliebt bin. Aber ich bin neugierig. Wie wäre es, mit ihm zusammen zu sein? Wie würde sich ein Kuss anfühlen und was würde eine Berührung auslösen? Auf jeden Fall weiß ich nun, warum ich mich nie für Mädchen interessiert habe. Immer wenn meine Mitschüler von kurzen Röcken und weiten Ausschnitten geschwärmt haben, hat mich das völlig kalt gelassen. Es ist mir jetzt klar: Ich interessiere mich für Männer.

An dieser Stelle endet der Eintrag. Der nächste ist auf ein paar Tage später datiert. Ich bin mir noch nicht sicher, was ich von dem halten soll, was ich gerade gelesen habe. Ist das alles wahr oder sind das die typischen Spinnereien eines 14-Jährigen, die man nicht ernst nehmen sollte? Ich muss es genauer wissen und lese die nächste Eintragung.

Ich bin mir sicher, dass er es auch will. Sein Lächeln und der nette Gruß lassen keinen Zweifel. Morgen werde ich es wagen und ihn ansprechen. Jeden Tag kommt er zur selben Uhrzeit an unserem Haus vorbei. Und genau in dieser Minute werde ich auf ihn warten. Vorsichtshalber nehme ich einen Baseballschläger mit. Zwar scheinen seine Absichten eindeutig zu sein. Doch falls er alles abstreitet und keinen körperlichen Kontakt will, dann habe ich mit dem Schläger die Möglichkeit, etwas nachzuhelfen. Er wäre schließlich selbst dran schuld. Sein Lächeln ist eine Einladung und ich bin derjenige, der sie annehmen wird.

Ich kann nicht glauben, was ich hier lese. Entweder geht die Fantasie mit meinem Jungen durch, oder unser Fernsehgerät hat einen noch schlimmeren Einfluss auf die Psyche junger Männer, als ich ohnehin schon immer vermutet habe. Vielleicht hat Jeff mal einen Film über einen schwulen Jogger gesehen und das hier ist nun die Art, wie er das Gesehene verarbeitet. Diese TV-Produzenten wissen gar nicht, wie sehr sie Amerikas Jugend verderben. Ich nehme mir vor, Jeffs Zeit vor der Mattscheibe künftig strenger zu überwachen und lese den letzten Eintrag des Tagebuchs.

Menschliches Verhalten ist unvorhersehbar. Ich hockte hinter einem Busch an deiner üblichen Route und wartete auf dich. Ich wollte dich überraschen. Ich hielt den Baseballschläger bereit und jeder Muskel meines Körpers war angespannt. So aufgeregt war ich noch nie in meinem Leben. Was würde mich gleich erwarten? Wie würdest du auf meinen Annäherungsversuch reagieren? Unzählige Gedanken schossen mir durch den Kopf, doch du kamst nicht. Minute um Minute, sogar Stunde um Stunde habe ich gewartet; zwecklos.

Hattest du einen Unfall? Warst du auf einer Geburtstagsfeier? Musstest du länger arbeiten? Lagst du traurig im Bett, genau wie meine Mutter es immer tut? Es gibt tausende von Möglichkeiten und eigentlich ist es völlig egal, welche von meinen Überlegungen zutraf. Denn das Ergebnis war jedes Mal das gleiche: Meine Fantasien bleiben vorerst unerfüllt.

In den letzten Tagen habe ich mir immer intensiver ausgemalt, wie es mit dir sein würde. Häufig kam Gewalt darin vor und ich war derjenige, der sie ausübt. Du würdest sie demütig und bewegungslos hinnehmen und falls nicht, *dann würde ich dafür sorgen, dass du es tust. Doch soweit kam es leider nicht. Mein Plan ist gescheitert und ich bin immer noch allein mit meinen Gedanken.*

Ich weiß nicht, was ich von diesem letzten Eintrag halten soll. Jeffrey kann das unmöglich ernst meinen. Dies ist alles sicherlich nur ein Resultat seiner lebhaften Fantasie. So muss es sein. Andererseits habe ich diesen Jogger ebenfalls schon mal vor unserem Haus entlanglaufen sehen. Ich fühle mich in Trance, die Welt scheint mit einem Mal ihre Stabilität verloren zu haben. Wie geht man mit der Information um, dass das eigene Fleisch und Blut derart grässliche Fantasien hat und möglicherweise sogar daran denkt, sie in die Tat umzusetzen? Habe ich als Vater versagt oder waren das die Nachwirkungen der Medikamente, die Joyce während der Schwangerschaft bekam? Schon damals war ich dagegen gewesen, ihren Körper in so einer sensiblen Zeit mit Chemikalien vollzupumpen. Und das sage ich als Chemiker! Aber die Ärzte meinten, es sei alles in Ordnung. Wenn ich doch nur die Zeit zurückdrehen und die Pillen einfach ins Klo schmeißen könnte. Vielleicht wäre mir dann nicht nur Jeffreys furchtbares Tagebuch erspart geblieben. Vielleicht wäre auch die Ehe mit Joyce heute anders. Vielleicht wäre Jeffrey anders.

Kapitel 2

Per Anhalter in den Tod

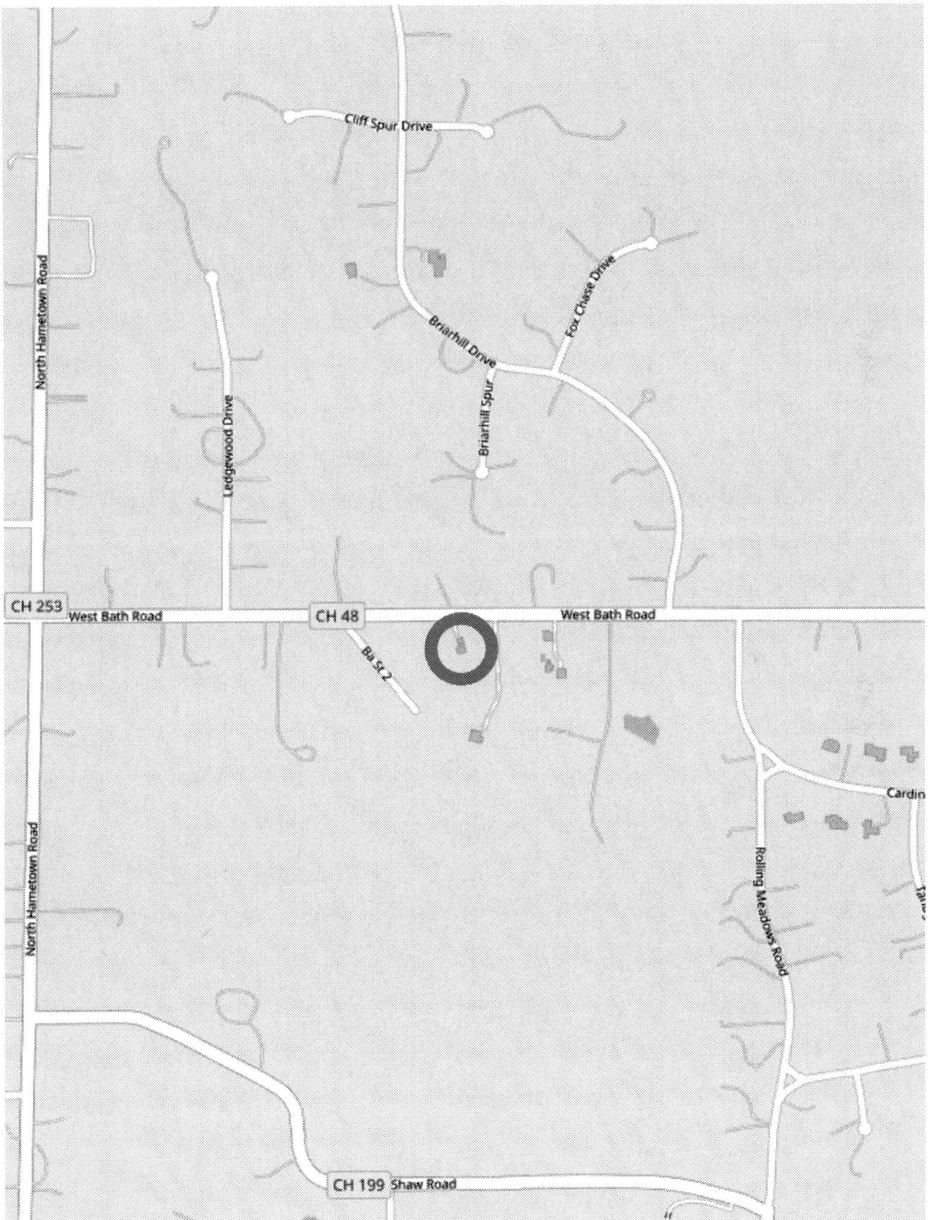

Ich bin ein echter Glückspilz. Wenn ich weiterhin so schnell vorankomme, werde ich morgen pünktlich in Ohio sein, um "The Michael Stanley Band" endlich live zu erleben. Im letzten Juni bin ich 18 Jahre alt geworden und damit offiziell ein Erwachsener. Wenn ich in Europa leben würde, dürfte ich sogar schon Alkohol trinken. Doch ich bin mir ziemlich sicher, dass man mich auch auf dem Festival nicht nach meinem Ausweis fragen wird, wenn ich - mit der nötigen Portion Selbstbewusstsein - ein Bier bestelle.

Best bets

Christian rock group at Firestone tonight

Lamb, a Christian rock group featuring Rick Coghill (formerly of the Lemon Pipers) and Joel Chernoff, will be in concert at 8 tonight at the Firestone High School auditorium.

Tickets are $3 at the following outlets: Disc Records at Summit Mall, Berean Bookstores in Akron and Canton and Logos Bookstore in Kent. Tickets will be $4 at the door.

★

It's wall-to-wall bluegrass this weekend at the Fireman's Hall, 3975 Hametown Rd. in Norton. Bean Pole and the Blue Grass Mountaineers, the Greathouse Brothers and the Allen Coal Creek Co. are among the groups.

Music will continue all day today and from 10 a.m. to 6 p.m. Sunday. Tickets are $8 for both days or $4.50 for one. Parking is $1.

★

The Michael Stanley Band tops a list of six groups which will be performing Sunday at Ohio Music Festival Appreciation Day at Chippewa Lake Park in Medina County.

Breathless, Salem-Witchcraft, The Chris Michaels Band, Pegasus and Jim Ballard will be the other acts in this all-day stage show. The gates will open at 10 a.m.

Admission is $3 and tickets are available at all Ticketron outlets and will be available at the gate.

Chippewa Lake Park is off Ohio 224 near the I-71 truck stop.

★

Magic To Do, a musical collage of works from Godspell, Pippin and The Magic Show, is continuing at Weathervane Community Playhouse through July 9. Akronite Ernest Zulia is coauthor of the revue.

The play will be presented at 7:30 p.m. Wednesday through Saturday and at 8:30 p.m. Sundays. Reservations may be made by calling the box office at 836-2626.

★

The film, "The Making of Ohio," which presents the story of the state's development through people like Benjamin Franklin Goodrich, the Wright Brothers and Mike Owens and Edward Libby, will be shown at 1:15 and 3:15 p.m. Sunday at the Summit County Historical Society, 550 Copley Rd.

The film runs 29 minutes and admission is free.

Zeitungsartikel zum Festival

Im Moment bin ich im Van dieser Studentengruppe. Eigentlich hat mir mein Vater geraten, auf keinen Fall zu trampen und nicht bei Fremden ins Auto zu steigen. Doch das hier ist etwas anderes. Was soll mir schon passieren? Wir unterhalten uns über Musik und natürlich über das Atari 2600, welches vor rund einem Jahr auf den Markt kam und das Land wie im Sturm eroberte. Gerade in den letzten zwei Monaten erlebte das Gerät einen regelrechten Boom. Es scheint, dass mittlerweile jeder an der Uni süchtig nach „Combat“ und „Air Ship Battle“ ist. Manche sagen zwar, dass sich diese sogenannten Videospiele nicht durchsetzen werden, doch ich bin da anderer Meinung. Es ist eine völlig neue Erfahrung und bis jetzt hat mir jedes Programm auf dem Atari auf seine Weise gefallen.

Scanne diesen QR Code und erfahre mehr zur Atari 2600, einer der ersten Spielekonsolen!

Leider gibt es auch weniger angenehme Gesprächsthemen. Einer der Studenten (wenn ich es mir richtig gemerkt habe, heißt er Brodie) lenkt das Gespräch gerade auf den NATO-Doppelbeschluss. Er sagt, dass der Einsatz von nuklearen Mittelstreckenraketen auf europäischem Boden dazu führen wird, dass die Welt untergeht. Die Spannungen zwischen uns und den Sowjets sind zurzeit so schlimm wie noch nie. Krieg liegt in der Luft. Jeder spürt das. Und jeder hat Angst davor.
Ich muss bei dem Wort „Europa“ erneut an Alkohol ab 18 denken und überlege, ob ich die anderen nach einem Bier fragen sollte. Ob sie welches haben? Vielleicht sehen sie es als unhöflich an, wenn ich - ein Anhalter - mich nun auch noch in Sachen Getränke durchschnorre. Ich beschließe, vorerst nichts zu sagen und einfach nur Brodies immer düsterer werdenden Ausführungen zu lauschen.

„Das Wettrüsten wird weiter gehen. Nicht nur wir, sondern auch die Roten werden so viele Waffen und Kriegsgeräte herstellen, wie sie nur können. Kennt ihr den Russen Anton Chekhov?“
„Gehört der zum Kreml?“, fragte einer der Studenten und Brodie lachte trocken.
„Nein, er war ein Schriftsteller im 19. Jahrhundert. Von ihm stammt das Prinzip Chekhov‘s Gun. Davon habt ihr doch schon gehört, oder nicht?“
Ich habe noch nie davon gehört, will es mir jedoch nicht anmerken lassen. Den anderen geht es anscheinend ähnlich, denn keiner von uns sagt etwas. Nach einer peinlichen Stille spricht Brodie schließlich weiter.
„Ihr wisst aber auch gar nichts. Chekhov‘s Gun bedeutet: Wenn irgend-

wo eine Waffe auftaucht, dann wird damit irgendwann geschossen. Und um auf den NATO-Doppelbeschluss und das Wettrüsten zurückzukommen: Wenn wir Raketen stationieren, dann tun wir das, um sie einzusetzen. Und wenn die Russen Panzer und Atomsprengköpfe herstellen ..."
„... dann tun die das, um sie einzusetzen", vollende ich den Satz und ernte dafür einen bösen Blick von Brodie. Ich habe ihm die Pointe versaut und bekomme einen roten Kopf. Zwar sagt er nichts dazu und redet unbeirrt weiter über die Implikationen von Chekhov's Gun, doch ich nehme mir vor, ab jetzt die Klappe zu halten. Es ist immer noch Samstag, als wir Ohio erreichen und ich habe noch mehr als genug Zeit, bis das Konzert beginnt. Die Studentengruppe lässt mich in Bath raus, einem Vorort von Akron und wünscht mir eine schöne Zeit. Geld kann ich ihnen nicht geben, doch ich bedanke mich herzlich und wünsche meinen Kurzzeitbekanntschaften eine gute Weiterreise. Vermutlich werde ich keinen von ihnen (weder Brodie, noch die anderen) jemals wiedersehen. Und falls doch, dann werde ich allen ein Bier ausgeben. Zumindest, wenn mein Geldbeutel es erlaubt.

Originalplakat vom Festival

Ich schlendere durch die Straßen und schaue mir das idyllische und kleine Bath an. Von der Reifenindustrie, die in Akron für massenhaft Arbeitsplätze und einiges an Wohlstand sorgt, ist hier nichts zu sehen. Die Gegend ist sehr überschaubar. Es gibt weder Wolkenkratzer noch große Fabriken, noch irgendetwas anderes Bedeutsames. Und trotzdem gefällt es mir hier. Es ist das erste Mal, dass ich ohne meine Eltern unterwegs bin und ich genieße jede Sekunde davon. Ich halte mit ausgestrecktem Arm den Daumen nach oben, um eines der Autos anzuhalten, die auf der Straße unterwegs sind. Zum Konzertgelände sind es noch etliche Meilen und ich würde den restlichen Weg gern weiter trampen. Bisher hat alles perfekt funktioniert. So kann es weitergehen!

Nach einigen Minuten hält ein Wagen an, dessen Fahrer ungefähr in meinem Alter ist. Er hat blonde Haare und trägt eine Brille. Als er das Fenster runterkurbelt, frage ich: „Kannst du mich ein Stück mitnehmen?"
„Wo willst du denn hin?"
„Zum Ohio Music Festival am Chippewa Lake Park", antworte ich.
Der Fahrer nickt. „Das ist ungefähr meine Richtung, ich kann dich gern ein Stück mitnehmen. Steig ein!"
Ich nehme auf dem Beifahrersitz Platz und der Wagen fährt los. Noch bevor ich mich bedanken kann, wird mir eine Frage gestellt: „Kennst du schon Star Wars?"
„Nein", sage ich. „Aber ich habe gehört, dass er ziemlich gut sein soll."
Der Fahrer mit den blonden Haaren und der Brille lacht.
„Gut?! Das ist ja wohl die Untertreibung des Jahrhunderts. Ich komme gerade aus dem Kino und ich kann dir sagen: Er wird dein Leben verändern. Solche Spezialeffekte haben deine Augen noch nie erblickt, das garantiere ich dir. Der Film ist jetzt schon über ein Jahr alt und wird trotzdem noch auf der ganzen Welt im Kino gezeigt. Nenn' mir einen anderen Film, der das auch geschafft hat." Ich grinse ihn an und will mich gerade erkundigen, ob er mich nur ein Stück oder ganz bis zum Konzert bringen kann, da kommt mir der Blonde schon wieder zuvor: „Ich heiße übrigens Jeffrey. Jeffrey Dahmer. Und wie lautet dein Name?"
„Ich bin Stanley Holt. Du kannst mich aber gern Stan nennen."
„Okay, Stan. Dann nenn' du mich Jeff. Was hältst du davon, wenn wir vor dem Konzert noch ein paar Biere zischen?" Bier. Das Getränk, welches ich in Europa trinken dürfte, hier in Amerika jedoch noch nicht. Ich würde heute gern mein erstes Bier trinken, ich habe vorhin schon daran gedacht. „Im Auto ist das vielleicht keine gute Idee. Außerdem siehst du

noch nicht aus wie 21. Darfst du schon Bier trinken?“, frage ich Jeff.
Er schüttelt den Kopf.
„Ich bin erst 18. Aber ich weiß, wie man an bestimmte Dinge herankommt. Mein erstes Bier habe ich mit 14 getrunken und was soll ich sagen? Irgendwie bin ich auf den Geschmack gekommen.“ Da ich mich im Van der Studenten nicht getraut habe, nach einem Bier zu fragen, würde ich jetzt in der Tat sehr gern eins trinken. Außerdem scheint dieser Jeffrey echt nett sein. Ich sage: „Und wo wollen wir trinken? Wenn uns die Polizei damit erwischt, bekommen wir Ärger. Ich bin schließlich auch erst 18.“
„Wir fahren zu mir“, sagt Jeffrey. „Ich wohne nicht weit weg und da meine Eltern gerade dabei sind, sich zu trennen, habe ich das Haus für mich. Wir sind also völlig ungestört. Hinterher kannst du immer noch zum Konzert gehen.“
Wenn Vater das wüsste, worauf ich mich hier gerade einlasse, wäre er entsetzt. Trampen ist schon eine Sache, die er nicht gutheißt. Doch im Haus eines Fremden Bier zu trinken ... Er würde ausrasten. Doch was er nicht weiß, macht ihn nicht heiß. Und ich für meinen Teil habe nicht nur großen Durst, sondern auch große Lust, meine Freiheit zu genießen und die Zeit bis zum Konzert so angenehm wie nur möglich zu verbringen. Was soll mir schon passieren, Jeff scheint ein ganz normaler, junger Mann in meinem Alter zu sein. Also stimme ich zu.
Während wir auf den Weg zu seinem Haus sind, spricht Jeff weiter über Star Wars. Je mehr ich darüber höre, desto mehr möchte ich den Film sehen. Angeblich ist er vor einem Jahr nur in ganz wenigen Kinos gelaufen und die Leute haben teilweise über einen Tag angestanden, um ein Ticket zu bekommen. Jetzt läuft er in tausenden Sälen auf der ganzen Welt und das, obwohl er schon ein reichliches Jahr alt ist. Vielleicht stimmt es, was manche von meinen Mitschülern sagen: Videospiele wird es in ein paar Jahren nicht mehr geben. Aber Star Wars wird für immer im Kino gezeigt. „Eine Sache ist mir jedoch ein Rätsel“, sagt Jeffrey. „Wenn der Todesstern die größte und mächtigste Waffe aller Zeiten ist. Warum hat er dann diese eine Schwachstelle, die ihn mit nur einem Schuss zerstören kann?“
„Keine Ahnung“, sage ich wahrheitsgemäß. „Denkst du, es ist ein Logikfehler oder hat sich dieser George Lucas eine Erklärung dafür überlegt?“
Der Blonde mit der Brille grinst.
„Ich glaube, es ist ein Rätsel für uns Zuschauer. Wir sollen darüber nachdenken und bis zum nächsten Star Wars Film eine Antwort finden. Und

weißt du was, Stan?“
„Was?“
„Ich liebe Rätsel. Zu Hause habe ich ein Tagebuch und niemand kann es lesen, wenn er den Code für das Zahlenschloss nicht herausbekommt.“
Nun bin ich derjenige, der grinst.
„Das nenne ich mal einen Zufall. Ich stehe auch total auf Rätsel. Willst du mal eins hören? Vielleicht wirst du ja der erste in meinem Bekanntenkreis, der es knacken kann.“
„Immer raus damit“, sagt Jeff.

RÄTSEL 2

Vater und Sohn haben einen Unfall, den der Ältere der Beiden nicht überlebt. Der Jüngere kommt ins Krankenhaus und soll vom Chef-Chirurgen operiert werden. Als der Chirurg ans Krankenbett tritt, weiten sich seine Augen. Der Chirurg sagt: Ich kann den Jungen nicht operieren. Er ist mein Sohn.

Wer ist der Chirurg?

Lösung: ______________________________

____

____

„Pah, das ist einfach! Ganz klar, er ist sein ...“, sagt Jeffrey und nennt mir die Antwort. „Los komm‘ schon. Du musst doch noch bessere Rätsel auf Lager haben. Gib mir ein schwierigeres Rätsel, auch gerne das Schwierigste, das dir einfällt.“
„Okay, da wüsste ich eines, das dürfte nicht so einfach für dich zu löschen sein. Das konnte bisher noch keiner meiner Freunde richtig beantworten.“

RÄTSEL 3

Ich spreche ohne Mund und höre ohne Ohren. Ich habe keinen Körper, aber ich komme lebendig mit dem Wind.

Was bin ich?

Lösung: ______________________

____

____

Jeffrey überlegt. „Das ist eine harte Nuss, auf die ich gerade keine Antwort weiß. Aber du darfst es nicht verraten. Ich will selbst auf die Lösung kommen." Ohne dass er auf sie kommt, erreichen wir das Haus, in dem Jeff wohnt. Er parkt das Auto in der Einfahrt und wir steigen aus. Offenbar stimmt die Sache mit seinen Eltern. Niemand scheint da zu sein. Wir haben das Haus für uns. „Ich freue mich, dass du mit hergekommen bist. Ich fühle mich manchmal ziemlich einsam. Allein, in diesem großen Haus. Meine Mutter hat bei der Trennung meinen Bruder mitgenommen und mich hier ganz allein gelassen." Ich sehe unsicher zu ihm herüber und weiß nicht genau, was ich darauf antworten soll. Jeff löst die etwas unangenehme Situation auf, indem er das Bier holen geht. Währenddessen schaue ich mich im Wohnzimmer um und überlege, wie es mir gefallen würde, wenn ich so viel Platz für mich allein hätte. Ich bin für meinen Teil etwas neidisch auf Jeffrey, dass er sich nicht mit seinen Eltern herumärgern muss. Auf einer Kommode sehe ich ein etwas verwackeltes Foto von Jeff und einem Mann, wahrscheinlich seinem Vater. Es ist scheinbar auf Jeffreys Abschlussfeier entstanden.

Jeffrey und Vater auf der Abschlussfeier

„Frisch aus dem Kühlschrank", sagt er und entfernt die Kronkorken. Er reicht mir eine Flasche und wir stoßen an.
„Auf Festivals", sage ich. „Und darauf, dass die Bands morgen die Show ihres Lebens geben werden." Wir nehmen jeweils einen großen Schluck. Der herbe Geschmack ist etwas völlig Neues für mich und ich bin mir sicher, dass ich ihn künftig mit einem ganz bestimmten Wort assoziieren werde: Freiheit.
„Hast du eigentlich eine Freundin?", fragt Jeffrey und lässt die Kohlensäure des kühlen Bieres mit einem herzhaften Rülpser entweichen.
„Ja, ich habe eine. Sie wohnt in Cuyahoga Falls und ist das schönste Mädchen, das ich kenne. Ich freue mich schon darauf, sie wiederzusehen." Ich erzähle Jeff davon, wie wir uns kennengelernt haben und wie glücklich ich mit meiner Freundin bin. Auch spreche ich darüber, dass sich unsere Familien gut verstehen und ich nicht nur einmal darüber nachgedacht habe, mir einen Verlobungsring zu besorgen. Jeff scheint das Thema jedoch nicht wirklich zu interessieren. Wieso hat er dann danach gefragt? Er nimmt einen kräftigen Schluck von seinem Bier und

fragt dann: „Du magst also „The Michael Stanley Band“?“
„O ja, ich bin ein riesengroßer Fan. Sie haben gerade ein neues Album herausgebracht - „Cabin Fever“ Wie gefällt dir die Band?“
„Die haben ein paar coole Songs. Vor allem „Baby if you wanna dance“ mag ich gern“, sagt Jeffrey und wir beginnen, über die Welt der Musik zu quatschen. Bei dem Thema kann ich erheblich mehr beitragen als zu Star Wars. Wir reden über Pink Floyd und die Rolling Stones, über The Who und David Bowie. Nach nur fünf Minuten ist unser erstes Bier leer und Jeff holt für jeden von uns ein Neues.

Scanne diesen QR Code und höre dir das Lied „Baby if you wanna dance“ von The Michael Stanley Band an!

„Glaubst du, David Bowie ist schwul?“ Jeff stellt die Frage wie beiläufig, doch ich überlege, ob eine bestimmte Absicht dahinter steckt.
„Ich glaube nicht. Denn wenn er es wäre, dann wäre er sicher nicht so erfolgreich. Wenn ich überlege, wie mein Vater reagiert, wenn jemand, den er kennt, sich als schwul outet... Mit so viel Hass kann man unmöglich im Musikgeschäft Fuß fassen.“
„Mein Vater ist genauso“, meint Jeffrey lakonisch. „Das ganze Land hasst Schwule.“ Mit einem Schatten auf dem Gesicht geht er zum Kühlschrank und holt unsere dritte Runde Bier. Ich bin bei meinem Zweiten noch nicht mal bei der Hälfte und spüre jetzt schon die Wirkung des Alkohols.
„Es ist spät geworden“, sage ich. „Für mich bitte kein Bier mehr. Ich werde jetzt weiterziehen.“
Als hätte er meine Worte nicht gehört, öffnet Jeff trotzdem die beiden Flaschen, die er gerade aus dem Kühlschrank geholt hat. „Du willst schon gehen? Aber ich habe doch noch gar nicht dein Rätsel gelöst. Bitte bleib doch noch ein bisschen hier. Mit dir ist es hier viel weniger einsam. Du kannst auch hier schlafen. Meine Eltern kommen sowieso nicht.“
„Das ist sehr nett von dir, Jeff. Aber ich möchte jetzt wirklich lieber gehen. Ich will noch diese Nacht zum Festivalgelände, damit ich morgen einer der Ersten bin. Ich will unbedingt in der ersten Reihe stehen.“

Jeffrey stellt die Biere auf dem Stubentisch ab und geht ins Nachbarzimmer. Gedämpft höre ich ihn sagen: „Wenn ich dich wirklich nicht zum Bleiben bewegen kann, dann lass mich dir wenigstens noch ein Abschiedsgeschenk geben."

Ich nehme einen letzten Schluck aus meiner Flasche und sehe, wie Jeffrey mit einer Hantel unter dem Arm zurückkommt. Ich schlucke das Bier runter und frage: „Was will ich denn zu Fuß mit einer Han..." Weiter komme ich nicht.

Der Schlag trifft mich ohne Vorwarnung und bricht mir den Schädel. Für einen Sekundenbruchteil leuchten Sterne vor meinem geistigen Auge auf. Ich denke an Dad und daran, dass er mit seinen Warnungen immer recht hatte. Ich bin einfach zu gutgläubig gewesen. Danach verliere ich mich in dem dunkelsten Schwarz, das ich je gesehen habe und ich falle in ein namenloses Nichts. Alle Gedanken, die ich gerade noch hatte, lösen sich auf und verhallen in der Dunkelheit, die von mir Besitz ergreift. Kurz bevor es vorbei ist, höre ich ein letztes Wort von Jeffrey. Es ist die Lösung, von der er vorgab, dass er sie nicht wissen würde: Echo.

Nachtschichten haben etwas Beruhigendes. Egal wie sehr ich mich mit meiner Frau streite und wie heiß es manchmal zwischen uns hergeht: Sobald ich zu meinem Partner ins Auto steige und wir in der Dunkelheit Streife fahren, lösen sich alle negativen Gedanken wie durch ein Fingerschnippen auf. Connor und ich sind nun schon seit knapp fünf Jahren Kollegen und er kennt mich mittlerweile besser als jeder andere Mensch auf der Welt. Mit ihm kann ich reden.

„Der Chief hat gestern wieder von Community Policing gefaselt. Langsam kann ich den Ausdruck nicht mehr hören", sagt Connor. „Er hat nochmal betont, wie wichtig es ist, das Vertrauen der Zivilisten zu gewinnen. Das scheint sein neuer Lieblingssatz zu sein."

Community Policing, die neuste Schnapsidee von den Dummschwätzern im Kongress. Erst hieß es, dass jedes Revier seine Verbrecherkarteien in einen Computer eingeben soll und jetzt sollen uns auch noch Hinz und Kunz bei der Aufklärung unserer Fälle unterstützen.

„Das ist wieder so eine typische Modeerscheinung, auf die der Chief anspringt, um seine Chancen auf eine Beförderung zu erhöhen und die wir echten Polizisten dann ausbaden dürfen. Ich sage dir, in spätestens zwei Jahren redet niemand mehr davon." Connor pflichtet mir knurrend

bei. Nachdem wir fünf Minuten lang schweigend und in unsere düsteren Gedanken versunken weitergefahren sind, erregt etwas meine Aufmerksamkeit.
„Der ist wohl besoffen, oder was?!“, sage ich und deute mit dem Finger auf das Auto vor uns. „Fährt ständig über den Mittelstreifen und zuckt dann wieder zurück.“

Jeffrey fuhr einen Chevrolet Biscayne

Ohne etwas zu sagen, betätigt Connor den Schalter für die Sirene und das Blaulicht. Danach greift er zur Lautsprecheranlage und ruft in das Mikrofon: „Achtung, Polizei. Fahren Sie sofort rechts ran, kurbeln das Fenster runter und legen die Hände dort hin, wo wir sie sehen können.“
Die Bremslichter des Wagens leuchten auf und nach ein paar Sekunden kommt er zum Stehen. Connor und ich steigen aus und ich stelle mich direkt vor die Fahrertür. Der Kerl, den wir angehalten haben, scheint nicht älter als 20 zu sein, vielleicht sogar noch jünger. Mit seiner Brille und den blonden Haaren erinnert er mich an meinen Neffen Jamie.
„Führerschein und Fahrzeugpapiere“, sage ich. Connor läuft um das Auto herum und schaut sich alles genau an.
„Sie wissen, warum wir Sie angehalten haben, junger Mann?“
„Nein, Sir. Habe ich etwas Falsches gemacht?“ Die Stimme des Fahrers klingt ein bisschen monoton. Noch eine Gemeinsamkeit mit meinem

Neffen. Seine Mutter nennt ihn „speziell“, doch die Kinder in der Highschool hatten ein viel schlimmeres Wort für ihn.
„Die Mittellinie ist nicht umsonst da“, ermahne ich Jeffrey, dessen Namen ich von seinem Führerschein abgelesen habe. Ich kenne die Dahmer-Familie. Lionel ist ein guter Mann. Hat sich nie etwas zuschulden kommen lassen. Ich weiß, dass er mit seiner Frau eine Menge Ärger hat. Gerade heute kann ich das sehr gut nachfühlen.
„Entschuldigung, Sir“, sagt der Dahmer-Junge und mir steigt eine Spur von Alkohol in die Nase.
„Hast ein paar Bierchen getrunken, was?“
Der Blick von Jeffrey wird unruhig. Offenbar weiß er nicht, was er sagen soll und schaut mich nur mit großen Augen an.
„Hey, komm‘ mal her“, höre ich von Connor und drehe mich um.
An Jeffrey gewandt rufe ich: „Die Hände behältst du schön am Lenkrad, Kleiner.“
Dann laufe ich zu Connor und noch bevor er etwas sagen kann, wird mir klar, was ihm aufgefallen ist. „Puh, das stinkt aber“, rufe ich und halte mir die Hand vor die Nase. „Was zum Teufel hast du denn im Kofferraum? Bei dem Geruch würde ich auch Schlangenlinien fahren.“
„Das ist alter Müll“, sagt Jeffrey. „Ich bringe ihn zur Deponie.“
„Um drei Uhr nachts?“, frage ich überrascht und ziehe die Augenbrauen hoch. „Warum in Gottes Namen machst du das denn nicht, wenn es hell ist?“ Jeffrey blickt traurig nach unten. „Meine Eltern streiten sich ständig. Ich glaube, sie lassen sich scheiden.“ Seine Stimme ist nun noch monotoner als zuvor. „Ich habe es zu Hause einfach nicht mehr ausgehalten, also wollte ich mich ablenken und gleichzeitig nützlich machen.“
Connor und ich wechseln einen vielsagenden Blick. Scheidungen sind übel für Kinder. Klar sind sie es auch für Mann und Frau. Doch am meisten leiden die Kinder. Mir gehen tausend Sachen durch den Kopf: Wenn ich den Burschen jetzt mit aufs Revier nehme und wir bei ihm den Alkohol feststellen, dann war‘s das für seine Zukunft. Und wenn ich genau darüber nachdenke, ist er ja noch nicht mal wirklich schuld. Ich weiß, dass die Dahmers Probleme haben, und kann mir gut vorstellen, wie schlimm das für den Kleinen sein muss. Wie würde ich reagieren, wenn der Junge vor mir nicht Jeffrey, sondern mein Neffe wäre? Gleiches Recht für alle, heißt es doch immer, oder? Außerdem scheint mir das hier nur ein kleiner Ausrutscher zu sein.
Ich gebe Jeffrey seine Papiere zurück und sage: „Wenn du das nächste Mal mitten in der Nacht Müll wegschaffst, dann achte darauf, dass du

vorher kein Bier trinkst, verstanden?“

Jeffrey packt seinen Führerschein ins Portemonnaie und nickt mit hektischen Kopfbewegungen. „Aye, Sir. Verstanden Sir. Vielen Dank, Sir!“

„Du kannst jetzt weiterfahren. Aber wenn wir dich nochmal anhalten, dann müssen wir dich mit aufs Revier nehmen. Also reiß‘ dich in Zukunft ein bisschen zusammen, klar?“

„Das mache ich ganz bestimmt, Sir. So etwas wie heute wird nie wieder vorkommen.“

Jeffrey kurbelt das Fenster hoch, startet den Motor und Connor und ich beobachten, wie der Junge - mitsamt des infernalen Gestanks - wegfährt. Als seine Rücklichter unser Blickfeld verlassen, sage ich zu meinem Kollegen: „Lionel scheint wirklich ernst zu machen. Ich wüsste nicht, ob ich den Mut für eine Scheidung hätte. Weitere Beförderungen könnte ich dann vergessen.“

Connor meint: „Schwer zu sagen, ob sie sich überhaupt scheiden lassen. Nichts wird so heiß gegessen, wie es gekocht wird. Das Einzige, was ich mit Gewissheit weiß, ist die Tatsache, dass ich jetzt nicht in diesem Auto sitzen möchte. Man, das war der schlimmste Müll, der mir je in die Nase gestiegen ist. Das roch so, als würde da drin jemand verwesen.“

„Da hast du Recht, Connor, das war wirklich übel.“

RÄTSEL 4

Im Laufe der letzten dunklen Erzählung hast Du verborgene Teile von Jeffreys Welt entdeckt. Es gab Zeichen, kleine Unterschiede, kaum wahrnehmbar und doch vorhanden. Wie ein stummer Zeuge seiner Obsession - eine Nachricht, die nur darauf wartet, entschlüsselt zu werden.

Welches Wort, eng verbunden mit Jeffreys Leidenschaft, offenbart sich Dir?

Lösung: ______________________________

____

____

Kapitel 3

Trügerische Normalität

Liebe Betty,

Du warst mir immer eine gute Freundin. Obwohl du nun ja seit einiger Zeit nicht mehr in Ohio in meiner Nähe lebst, ist mir der Kontakt mit dir nach wie vor sehr wichtig. Es tut mir leid, dass ich mich so lange nicht bei dir gemeldet habe. Leider war in den letzten Monaten sehr viel los. Doch warum schreibe ich dir gerade jetzt? Lass mich dir die Geschichte von vorn erzählen, damit du weißt, in welcher Situation ich mich befinde. Wie früher, als wir noch jünger waren, brauche ich deinen Rat.

Es ist jetzt so ziemlich genau zehn Jahre her, dass Herbert starb und ich allein lebe. Wie du weißt, war mein Mann immer ein guter Mensch und hat sich in seinen 67 Lebensjahren stets anständig verhalten. Dank Lionel, auf den du früher immer mal aufgepasst hast, wenn Herbert und ich zum Tanz gingen, bin ich heute zweifache Großmutter. Der süße David wird dieses Jahr 15 und Jeffrey ist 21. Schon verrückt, wie die Zeit vergeht. Ich sehe mir gern die Bilder an, als die beiden Jungs noch etwas jünger waren. Als du meine Enkel das letzte Mal gesehen hast, ist David gerade in die Schule gekommen. Er wohnt aktuell bei seiner Mutter in Bath.

Joyce und Lionel haben sich ja schon vor ein paar Jahren getrennt und mich als Christin schmerzt es sehr, dass mein Sohn nun ein geschiedener Mann ist. Einen Bund, den man vor Gott geschworen hat, darf man nicht brechen. Egal, welche Differenzen die beiden auch gehabt haben mögen; sie hätten in den sauren Apfel beißen und sich zusammenraufen müssen. Du siehst das bestimmt genauso. Schließlich hat man auch dich zu einer gläubigen Frau erzogen.

Familie Dahmer bei der Großmutter

Ich denke, die Kinder haben sehr unter dem Zerwürfnis ihrer Eltern gelitten. Insbesondere Jeffrey. Er kam zu mir, weil er unehrenhaft aus der Armee entlassen wurde. Ihm wurden zahlreiche unanständige Sachen vorgeworfen. Sie haben doch wirklich behauptet, dass Jeffrey einen Kameraden missbraucht hat. Ich kann mir nicht vorstellen, dass mein kleiner Jeff zu solchen Schmuddeleien fähig ist. Nur die Sache mit dem Alkohol, daran scheint etwas dran zu sein. Doch dazu später mehr. Lass mich zuerst noch ein bisschen über die Anfangszeit mit ihm erzählen.

Ich habe ihn sehr gern bei mir zuhause aufgenommen. Ich war froh, wieder etwas Gesellschaft zu haben und dachte, dass er einfach nur Liebe und Gottvertrauen braucht, um wieder auf den richtigen Weg zu gelangen. Beides wollte ich ihm geben. Eigentlich lief zu Beginn alles recht gut. Jeffrey arbeitete als Phlebotomiker in einem Plasmazentrum und nahm den Leuten Blut ab. Die Ausbildung dazu hatte er bereits bei der Armee, als er noch in Deutschland stationiert war. Mein lieber Jeff ist nämlich ein richtiger Sanitäter und kennt sich mit Biologie, Anatomie und all diesen Dingen hervorragend aus.

Jeden Sonntag gingen wir zusammen in die Kirche und machten beim Gottesdienst mit. Außerdem beteten wir vor jedem Essen und natürlich auch vorm Schlafengehen. Mindestens einmal pro Woche lasen wir ein paar Kapitel in der heiligen Schrift und sprachen darüber. Jeffrey ist sehr intelligent und verstand schnell, wie die Geschichten des Jesaja und Jeremia oder die der Aposteln zu interpretieren sind.

Das Haus von Catherine Dahmer

Auch wenn unser Häuschen eher klein ist und wir auf engen Raum zusammenleben, haben wir uns schnell aneinander gewöhnt. Im Haushalt war mein Enkel eine große Hilfe. Er pflegte den Garten, wusch das Geschirr und erledigte alle Aufgaben, die ich ihm gab, ordentlich und gewissenhaft. Mit Pflanzen konnte Jeff besonders gut umgehen. Wie du weißt, lebe ich hier nun schon seit 1939, doch so grün und lebendig, wie Jeff den Garten hinbekam, war er noch nie. Immer, wenn ich nach draußen ging, empfing mich ein angenehmer Rosenduft.

So wie ich das sehe, war Jeffrey bei mir zum allerersten Mal in seinem Leben so richtig glücklich. Er bekam Liebe, hatte einen Beruf, der ihm Freude bereitete und ein schönes Dach über dem Kopf und war nie allein. Außerdem waren wir im Einklang mit Gott und lebten so, wie der Herr es für richtig hielt. Mit einer Ausnahme: Obwohl Jeffrey schon 24 alt war, hatte er immer noch keine Freundin und zeigte auch kein Interesse am anderen Geschlecht. Ich wünschte mir so sehr, dass er eine Frau finden und heiraten würde. Ich möchte meine Urenkel aufwachsen sehen.

Aber immerhin bekämpfte er sein Alkoholproblem. Wie gesagt, ich vermute auch, dass ihn das den Posten bei der Armee gekostet hat. Jeff ist zu den Anonymen Alkoholikern gegangen und versäumte zu Beginn keines der Meetings. Mich hat das sehr gefreut, denn ich weiß, dass die AA großen Wert auf den Gottesglauben legen. Sie bringen ihren Teilnehmern bei, dass man nur dann gegen die inneren Dämonen ankommt, wenn man sein Schicksal in die schützenden Hände des Herrn legt.

Leider hielt die Disziplin meines Enkels nicht lange an. Er verlor seinen Job und seither ertränkt er seine Sorgen im Alkohol. Immer wieder ist er sturzbetrunken, bringt fremde Menschen ins Haus und verstößt gegen das Gesetz. Man hat ihn schon wegen Entblößung verurteilt und neulich sogar wegen des Missbrauchs an einem Kind. Zwar musste er nicht ins Gefängnis und bekam nur eine Bewährungsstrafe, doch seiner beruflichen Zukunft hat das sehr geschadet.

Die Schokoladenfabrik, in der Jeffrey gearbeitet hat

Nach einer Zeit der Arbeitslosigkeit bekam er einen Job in der Milwaukee Ambrosia Schokoladenfabrik. Dort hat er zwar nicht mehr mit Menschen zu tun und ich glaube, die Arbeit macht ihn nicht so glücklich wie damals im Plasmazentrum. Aber er verdient immerhin gutes Geld und hat eine feste Struktur, an die er sich halten muss. Oder besser gesagt – halten sollte. Denn er bleibt der Arbeit regelmäßig fern und liegt stattdessen betrunken in seinem Bett. Ich bin gespannt, wie lang er diesen Job behalten wird. Er ist ständig betrunken. Es gibt fast keine Momente, in denen ich ihn nüchtern und bei klarem Kopf antreffe. Die Gottesdienste verschläft er immer häufiger und auch unsere Bibellesungen nimmt er nicht mehr ernst.

Was mich jedoch besonders stört, ist die Tatsache, dass Jeffrey immer nur Männer mit nach Hause bringt. Ich habe es noch nie erlebt, dass er für eine Frau geschwärmt hat, geschweige denn mit einer zusammen war. Gott gefällt das nicht und ich glaube, dass er ihm deshalb den Teufel Alkohol aufbürdet. Wer in Sünde lebt, der kann nicht im Reinen sein. Wenn Jeff eine Frau hätte, oder zumindest eine Freundin, dann hätte er wahrscheinlich auch kein Interesse an Alkohol und würde im Einklang mit dem Gesetz leben.

Neulich habe ich beim Aufräumen Schlafmittel entdeckt und ihn direkt darauf angesprochen.
„Die brauche ich, um nachts zur Ruhe zu kommen", hatte er gesagt.
Das konnte ich mir nicht vorstellen. Ich hielt es für eine Lüge und sagte: „Bei der Menge an Alkohol, die du trinkst, schläfst du doch sowieso immer schon auf dem Sofa ein. Sag' mir jetzt, wofür du die Tabletten brauchst."
Jeffrey druckste herum und wollte mir keine richtige Antwort geben. Nach einer Weile meinte er, dass er die Pillen für den Fall geholt hat, dass er mal doch nicht einschlafen kann. Doch ich habe gesehen, dass die Blisterpackung nur noch halb voll war. Irgendjemand musste die Schlafmittel also genommen haben. Vielleicht die Männer, die Jeffrey immer mit ins Haus brachte und von denen ich so gut wie nie mitbekam, dass sie wieder gingen? Was glaubst du, liebe Betty, wofür er sie gekauft hat?

Ich bin jedenfalls sehr enttäuscht von meinem Enkel und

hoffe, dass er wieder die Kurve kriegt. Zurzeit ist das Zusammenleben mit ihm eine Qual und ich weiß nicht, ob ich die Kraft habe, sein Verhalten noch lange durchzustehen. Und dann ist da noch eine Sache, die mich massiv stört. Dieser unerträgliche Gestank. Wie du weißt, besteht unser Haus aus drei Schlafzimmern und eineinhalb Bädern. Aus Jeffreys Bereich dringt seit einiger Zeit ein ekelhafter, schwer zu beschreibender Geruch. Er hat etwas süßliches, aber nicht auf die angenehme Art. Als es neulich besonders schlimm war, habe ich ihn zur Rede gestellt.

„Das ist nur das Katzenklo, mach' kein Drama daraus", hatte er gesagt.
„Ich mache kein Drama draus", erwiderte ich und war sauer, dass er mich schon wieder so einfach abwiegeln wollte. „Ich weiß, wie ein schmutziges Katzenklo riecht, verkauf' mich nicht für dumm. Das, was da aus deinem Zimmer kommt, ist etwas ganz anderes."
Ich wusste, dass Jeffrey gut mit Tieren umgeht. Das war schon immer so. Umso weniger konnte ich mir vorstellen, dass er seine Katze in einem Dreck leben lassen würde, der einen solchen Gestank hervorrufen würde. Es musste etwas anderes sein.

Betty, du kannst dir nicht vorstellen, wie es hier riecht. Insbesondere an warmen Tagen. Ich traue mich schon gar nicht mehr, jemanden zum Tee zu bitten. Ich finde die Ursache einfach nicht. Was mag das nur sein?

Zum Abschluss möchte ich dir von einer Sache erzählen, die mir besonders im Gedächtnis geblieben ist und die mich sehr schockiert hat. Gerade in dieser Angelegenheit bitte ich dich um deinen Rat und bin gespannt, was du dazu zu sagen hast. Scheue dich nicht, klare Worte zu finden. Ich bin für alles dankbar, was mir dabei helfen kann, die Situation mit Jeffrey zu verbessern.

Du erinnerst dich bestimmt, dass es mir normalerweise leichtfällt, die Nächte durchzuschlafen. Wenn ich einmal ins Land der Träume übergegangen bin, dann ist es erst das Wecker klingeln, das mich aufwachen lässt. Gerade in meinem Alter ist das keine Selbstverständlichkeit. Von deinen Erzählungen, liebe Betty, weiß ich, wie schlimm es sein kann, nachts ständig auf Toilette zu müssen oder ohne einen erkennbaren Grund aufzuwachen und dann nicht mehr einschlafen zu können. Müde und wach dazuliegen, stelle ich mir furchtbar vor und mir tut es leid für dich, dass es dir so geht.

Doch mein Schlaf ist in der Regel fest und erholsam. Ich bin wie ein Stein, den nichts aus der Ruhe bringen kann. Nicht jedoch in dieser einen Nacht, von der ich dir erzählen will. Vielleicht war es ein Geräusch, ein Alptraum oder Probleme mit der Verdauung. Was immer auch der Anlass gewesen sein mag, ich wurde plötzlich wach und hatte das Bedürfnis, mir ein Glas Wasser aus der Küche zu holen. Schlaftrunken stand ich auf, zog meine Pantoffeln an und verließ das Schlafzimmer.

Auf dem Flur hörte ich gedämpft die Stimmen zweier Männer. Erst dachte ich, dass ich es mir nur einbilden würde, doch die Unterhaltung der beiden war definitiv echt. Sie kam aus Jeffreys Zimmer und ich konnte nicht genau sagen, worum es darin ging. Ich sah auf die Uhr und erschrak. Es war mitten in der Nacht! Jeder normale Mensch sollte jetzt eigentlich schlafen.

Ich klopfte an die Tür meines Enkels und sagte: „Jeffrey?

Ist da jemand bei dir?"
Die Unterhaltung verstummte. Nach ein paar Sekunden der Stille wollte ich meine Frage wiederholen, da tönte es von drinnen: „Ist nur ein Freund. Geh' wieder ins Bett."
Doch so leicht ließ ich mich nicht abspeisen. „Weißt du eigentlich, wie spät es ist? Um diese Zeit wird hier in diesem Haus geschlafen." Ich war in diesem Moment sehr sauer und die Wut schien mit jedem meiner Worte noch stärker hochzukochen. „Und Männerbesuch ist um diese Zeit erst recht tabu. Sag' deinem Freund, dass er jetzt gehen soll. Du brauchst deinen Schlaf. Und er sicherlich auch."
„Ach Granny, mach dir keinen Kopf. Geh' einfach wieder ..."
„Nein, ich gehe nicht einfach wieder. Du schickst diesen Mann jetzt sofort nach Hause, ansonsten ..."
„Schon gut, schon gut", lenkte Jeffrey endlich ein. „Du hast sie gehört. Besser, du gehst jetzt."
Nach ein paar Sekunden öffnete sich die Tür und ein feminin aussehender Mann – ungefähr in Jeffreys Alter – torkelte auf unsicheren Beinen aus dem Zimmer. Er hielt den Kopf gesenkt.
„Tschuldigung, Madame", murmelte er mit devoter Stimme. Er schien entweder zu viel getrunken zu haben, oder er hat sich irgendwelches andere Zeug reingeschmissen. Auf jeden Fall ist dieser Mann sicher kein guter Umgang für meinen Enkelsohn.

Ich beobachtete, wie er die Treppen runterstolperte und sich zur Haustür hangelte. Als er weg war, kam nun auch Jeffrey in den Flur und bedachte mich mit einem seltsamen Blick. „Bist du jetzt zufrieden?"
Ich hatte den Eindruck, dass sich mein Enkel nicht daran störte, dass ich ihn vor seinem Bekannten bloßgestellt

hatte. Vielmehr schien es mir, dass er sauer war, weil ihm etwas entging. Ich wollte mir gar nicht ausmalen, worum es sich dabei handeln möge, doch war mir sicher, dass der Herrgott es nicht gutgeheißen hätte. Was immer er mit diesem Mann auch vorgehabt hatte, ich war äußerst froh, dass ich es verhinderte.

Wie denkst du über die ganze Angelegenheit und wie hättest du an meiner Stelle reagiert? Ich freue mich, von dir zu hören und bitte abermals um Entschuldigung, dass wir so lange keinen Kontakt mehr hatten.

Liebe Grüße,
Catherine

Meine liebe Catherine,

als ich deinen Namen auf dem Umschlag las, war ich zunächst sehr verwundert. Statt der üblichen Rechnungen und Werbungen einen Brief meiner besten Freundin zu entdecken, war ein Anlass zur Freude. Weniger erfreulich war jedoch der Inhalt. Es tut mir aufrichtig leid, dass dir dein Enkel so viele Probleme bereitet und ich habe mir einige Tage Zeit genommen, ehe ich dir antworte.

Ehrlich gesagt, konnte ich die letzten Nächte nur sehr schlecht schlafen. Du weißt ja, dass ich ohnehin große Probleme in der Nacht habe und oft stundenlang wachliege oder alle paar Stunden auf die Toilette muss. Die letzten Tage war es noch viel schlimmer. Immer wieder kreisten meine Gedanken um deine Worte und ich kann nicht verstehen, warum der liebe Herrgott ausgerechnet eine so edle und fromme Frau wie dich auf die Probe stellt.

Dann aber fiel mir ein Satz aus der Heiligen Schrift ein. Du kennst ihn sicherlich, er stammt aus dem Kapitel „Sprüche“. „Der Kluge sieht das Unheil kommen und bringt sich in Sicherheit; der Unverständige aber geht weiter und wird bestraft.“

Du, meine liebe Catherine, siehst das Unheil kommen. So wie sich Jeffrey benimmt, kann es keinen Zweifel daran geben, dass du erkennst, wohin sich seine Reise noch entwickeln wird. Das, was er tut, ist eindeutig dem Bösen zuzuordnen. Und eines solltest du dabei bedenken: Vielleicht stammt die Prüfung nicht von Gott, sondern vom Teufel. Dann wäre es deine Aufgabe, dich davon fernzuhalten. Schließlich steht auch in der Bibel: „Prüft alles, und behaltet das Gute! Meidet das Böse in jeder Gestalt!“

Ich weiß, dass du deinen Enkel liebst. Das ist vollkommen normal und auch gut so. Doch du bist nicht nur ihm verpflichtet, sondern auch deinem eigenen Seelenheil. Wenn meines in Gefahr ist, dann befrage ich die Heilige Schrift und erhalte meine Antwort. Das Gleiche solltest du auch tun und in deinem Fall ist die Bibel sogar unmissverständlich.

Es tut mir leid, dir keinen anderen Ratschlag geben zu können, als Jeffrey aus deinem Haus zu werfen und ihm sich selbst zu überlassen. Er muss allein gegen den Teufel in sich ankämpfen. Du kannst und darfst ihm dabei nicht helfen. Denk darüber nach und entscheide weise.

Zum Schluss möchte ich dir noch berichten, was es bei mir Neues gibt. Vielleicht sind meine Worte in der Lage, dich auf andere Gedanken zu bringen und dir ein Lächeln abzuringen. Meine wunderschöne Enkelin Grace hat endlich geheiratet. Du kannst dir nicht vorstellen, wie stolz ich war. Während der Trauung kamen mir Tränen der Rührung und nicht nur eine davon fand ihren Weg von meiner Wange hinab auf den leckeren Kuchen, den wir nach der Zeremonie aßen.

Die beiden sind jetzt in den Flitterwochen. Sie veranstalten eine Kreuzfahrt in Europa auf einem dieser riesengroßen Schiffe. Sie besuchen Frankreich und Italien, Spanien und Portugal. Ich freue mich so sehr für sie und denke jeden Tag daran, wie schön die Hochzeitsfeier war.

Ich bete zu Gott, dass dein kleiner Jeffrey auch noch zur Besinnung kommt und den Kampf gegen den Teufel gewinnt. Vielleicht ist auch ihm eines Tages das Glück vergönnt, eine gute Frau zu finden und zu heiraten. Doch im Moment solltest du die Bibel beherzigen und dich in Liebe von ihm abwenden.

Deine Betty

Liebe Betty,

ich danke dir von ganzem Herzen für deine Antwort und deine lieben Worte. Sie haben mir in dieser dunklen Zeit enorm viel Kraft gegeben und ich habe deine Zeilen immer wieder gelesen, wenn es mir besonders schlecht ging. Es freut mich sehr, dass Grace einen so liebevollen Mann gefunden hat und ihr auf der Hochzeit so viel Spaß hattet. Ich bete zu Gott, dass die Liebe der beiden für immer halten möge und sie ein glückliches Leben führen.

Bei meiner Situation hat sich leider keine Besserung eingestellt. Im Gegenteil: Alles ist noch viel schlimmer geworden. Jeff betrinkt sich beinahe täglich bis zur Besinnungslosigkeit und liegt dann einfach auf dem Bett herum. Ich lege dir ein Foto zum Brief, damit du einen

Eindruck seines Zustandes gewinnen kannst. Außerdem kommen auch ständig neue Männer ins Haus, die ich noch nie zuvor gesehen habe und die ich auch kein zweites Mal zu Gesicht bekomme.

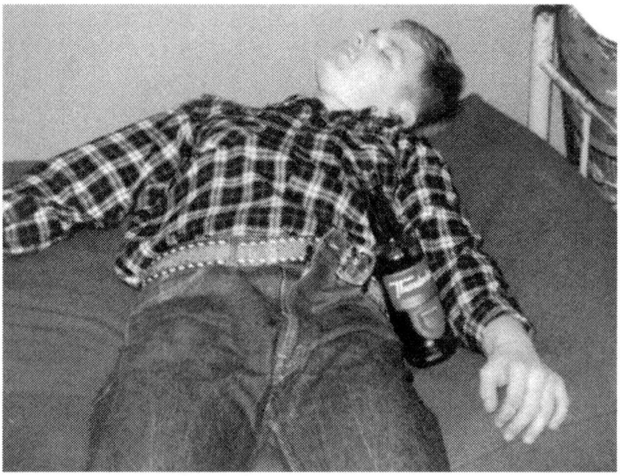

Jeffrey Dahmer betrunken

Jeffrey vernachlässigt seine Aufgaben, betet nicht, liest nicht in der Bibel und dieser Gestank im Haus geht einfach nicht weg. Im Gegenteil: Ich habe den Eindruck, dass er von Tag zu Tag schlimmer und ekelerregender wird. Mittlerweile traue ich mich noch nicht einmal mehr, Freunde zu mir einzuladen. Zu groß ist die Scham, dass sie noch vor dem ersten Stück Kuchen angewidert das Haus verlassen.

Neulich kam Lionel zu Besuch und auch ihm ist dieser Gestank in die Nase gestiegen. Es kam zu einer sehr merkwürdigen Situation: Wie ein Spürhund ging er der Geruchsspur nach und fand in Jeffreys Kleiderschrank eine merkwürdige Kiste. Er nahm sie in die Hand und wollte sie öffnen.

„Ich weiß nicht, ob du das tun solltest, Lionel", sagte ich. „Das sind schließlich Jeffreys Privatsachen und er ist ein erwachsener Mann. Vielleicht solltest du die Kiste wieder hinstellen."
„Aber der Geruch kommt eindeutig von hier. Ich will wissen, was da drin ist", sagte mein Sohn, während er die Kiste in der Hand hin und her drehte und sie dabei, wie auf einem Basar, begutachtete.

„Jeffrey wird das bestimmt nicht gefallen, wenn du sie aufmachst."
Lionel zuckte mit den Schultern. „Und mir gefällt dieser Gestank nicht. Mir gefällt sein ganzes Verhalten nicht." Dann runzelte er die Stirn und sagte: „Schon wieder so ein Rätsel. Jeffrey scheint wirklich ein Faible für so etwas zu haben. Schon als er ein Teenager war, hatte er sein Tagebuch da ..." Mitten im Satz hielt er inne.
„Du hast sein Tagebuch durchstöbert?", fragte ich entsetzt. „Wie hätte es dir gefallen, wenn ich das in deiner Jugend gemacht hätte?"
„Mir egal, ich habe kein Tagebuch geführt. Und außerdem habe ich mich nicht so merkwürdig verhalten.", sagte Lionel geistesabwesend, den Blick fest auf die Kiste gerichtet. „Das hier scheint so eine Art Buchstabenrätsel zu sein."

RÄTSEL 5

Du siehst eine merkwürdige Kiste, die sechs Drehräder mit Buchstaben zeigt. Scheinbar musst du die passenden Buchstaben in der richtigen Reihenfolge anordnen, um die Kiste zu öffnen. Diese Buchstaben repräsentieren Orte.
Die alte Kirche ist ganz unten. Die dampfende Fabrik liegt in gerader Linie über der alten Kirche. Die verfallene Hütte liegt rechts neben der verlassenen Villa. Direkt über ihr liegt die dunkle Burg und außerdem gibt es noch die unheimliche Stadt.

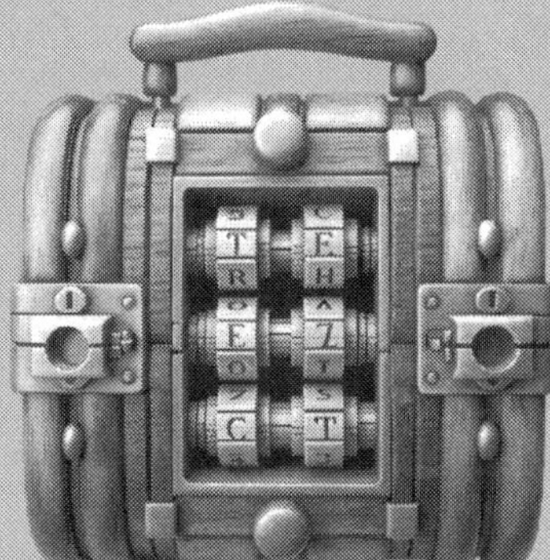

Lösung: ______________________________

____

____

Nach ein paar Minuten des Herumprobierens machte es Klick und Lionel wollte gerade den Deckel anheben. Da schoss wie ein Blitz Jeffrey ins Zimmer und schrie: „Lass das gefälligst! Die gehört mir!“

Noch bevor Lionel etwas sagen, geschweige denn die Kiste öffnen konnte, riss Jeffrey das stinkende Ding aus seiner Hand und schlang seine Arme schützend um die Box. Er sah dabei aus wie eine Tiermutter, die ihr Kind beschützen will und bereit ist, alles und jeden zu attackieren, der ihrem Nachwuchs etwas Böses will.
„Jetzt beruhige dich mal", rief Lionel, dessen Hände eine imaginäre Kiste zu halten schienen. Nur langsam bemerkten seine Muskeln, dass sie nicht mehr gebraucht wurden und entspannten sich.
„Dein Vater wollte nur wissen, was hier so grässlich stinkt", rief ich in die Runde.
„Das bildet ihr euch nur ein. Der Geruch kommt vom Katzenklo. Das habe ich dir doch schon erklärt, Granny."
Lionel stieß ungläubig die Luft aus. „Das glaubst du doch selbst nicht. Mach' gefälligst die Kiste auf. Ich will jetzt wissen, was da drin ist."
Jeffreys Gesicht wurde rot und nahm einen Ausdruck an, der zur Hälfte Wut und zur anderen Nervosität widerspiegelte. Er schaute uns beide nacheinander an und schien zu überlegen.
„Wird's bald?!", bellte Lionel.
Jeffrey machte einen Seufzer und senkte den Blick. „Na gut, ich geb's zu. Aber es ist mir ein bisschen peinlich. In der Kiste bewahre ich meine Pornohefte auf."
Lionel verengte seine Augen zu Schlitzen. „Und mit diesen Heften machst du …"
„Das wollen wir lieber nicht so genau wissen", wandte ich schnell ein. Dem Herrgott hätte es bestimmt nicht gefallen, so offen über ein so sündiges Thema zu sprechen.
Mein Sohn sah nun zu mir. „Ich will doch nur wissen, was den Gestank verursacht."
„Die Sünden meines Enkels. Und dabei lassen wir es bewenden."

Drei Generationen standen für einige Sekunden schweigend im Zimmer und wussten nicht, was sie sagen sollten. Am Ende entschied ich mich für einen Satz, der schon so manche Wogen glättete und für mich ein bewährtes Mittel war, um unliebsame Situationen aufzulösen. Du, meine liebe Betty, hast ihn von mir bestimmt schon ein Dutzend Mal gehört.
„Kommt, wir essen jetzt alle ein Stück Kuchen und trinken eine große Tasse Kaffee."

Leider hat das nur für den Moment die Gemüter beruhigt und weder Kaffee noch Kuchen können etwas daran ändern, dass Jeffrey dem Alkohol verfallen ist, sich mit fremden Männern herumtreibt und unser Haus mit widerlichem Gestank verpestet. Du hast mir in deinem Brief den Rat gegeben, ihn rauszuschmeißen und wieder allein zu wohnen. Im ersten Moment wollte ich es nicht wahrhaben, doch vermutlich hast du recht.

Ich werde Jeffrey bitten müssen, das Haus zu verlassen und sich eine andere Bleibe zu suchen. Mir tut es im Herzen weh, ihn gehen lassen zu müssen und ich weiß, dass Gott mich mit meinem Enkel auf die Probe stellt. Doch in meinem Alter fehlt mir einfach die Kraft, das alles zu ertragen. Möge er das nötige Gottvertrauen finden und die Disziplin aufbringen, sich aus dem Teufelskreis, in dem er gefangen ist, zu befreien. Ich kann und will ihm dabei nicht mehr helfen.

Was denkst du, was sich in der Kiste befunden hat, die Lionel aufmachen wollte? Waren es wirklich nur gottlose Hefte oder vielleicht ... Weißt du was? Ich möchte nicht mehr darüber nachdenken. Das Kapitel Jeffrey muss ein Ende finden, bevor es mich innerlich auffrisst.

Ich hoffe, dass du wieder schönere Dinge zu berichten hast und freue mich auf deinen nächsten Brief. Bitte bestelle deiner Enkelin meine herzlichsten Wünsche. Nochmals danke für deine aufmunternden Worte. Ich habe es in meinem vorigen Brief schon erwähnt, doch ich würde mich freuen, wenn wir uns mal wieder persönlich treffen könnten. Sobald Jeffrey ausgezogen ist und der Gestank hoffentlich mit ihm verschwindet, werde ich dich mit gutem Gewissen in meinem Haus begrüßen können.

Liebe Grüße,
Catherine

Kapitel 4

Ein letzter Drink

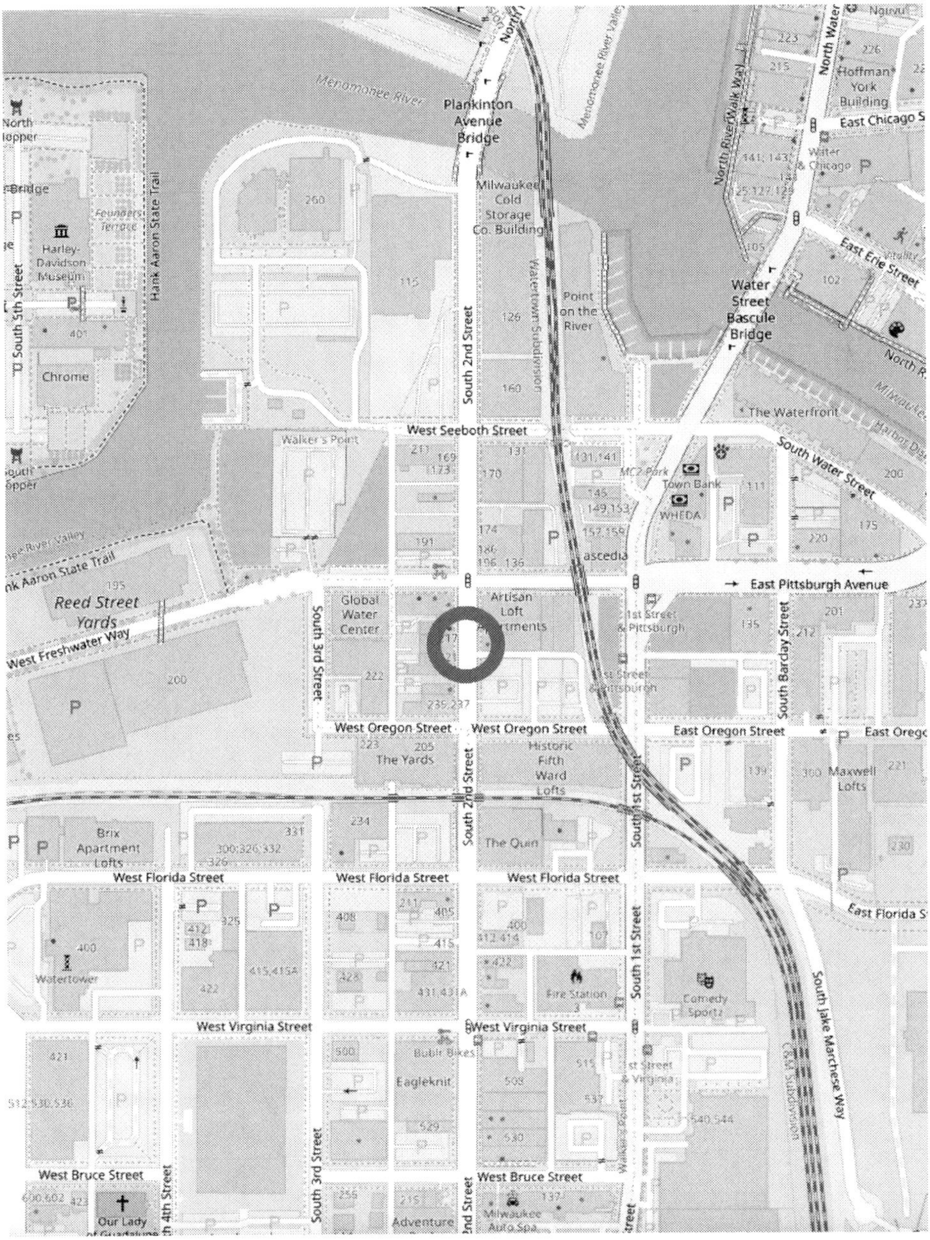

Die letzten zehn Jahre waren sowohl Fluch als auch Segen für uns. Ein Fluch deshalb, weil „die Krankheit“, wie sie ursprünglich nur genannt wurde, mittlerweile knapp 90.000 Todesopfer gefordert hat. Am Anfang wusste niemand, was sie auslöst oder wie sie übertragen wird. Nur eines schien klar zu sein: besonders Schwule waren von ihr betroffen. Mit der Zeit lernten wir, dass Blut etwas damit zu tun hat und bloße Berührungen oder der Austausch von Speichel keine Probleme machen.
Dennoch hatte ich den Eindruck, dass uns große Teile der Gesellschaft so behandelten, als wären wir die Lepra-Kranken, von denen in der Bibel die Rede ist. Man wollte uns nicht als Kollegen, nicht als Freunde, nicht mit uns gemeinsam ins Schwimmbad gehen oder im Kino neben einem von uns sitzen. Wenn einer die typischen Symptome wie Husten oder Schnupfen zeigte, dann setzte bei vielen der Fluchtreflex ein.
Vor einem Jahr hat Elton John öffentlich ausgesprochen, dass er homosexuell ist und auch wenn es Freddie Mercury nicht zugibt, so weiß doch jeder, dass sogar er in Wirklichkeit schwul lebt. Menschen wie die beiden oder auch der Schauspieler Rock Hudson, die Tennisspielerin Martina Navratilova oder der Pianist Liberace haben dafür gesorgt, dass wir immer mehr anerkannt werden.
Ich bin felsenfest davon überzeugt, dass wir in Zukunft als genauso normal gelten, wie jeder andere. Entscheidend dafür ist nur, dass ein Heilmittel gegen AIDS gefunden wird. So nennt man die Krankheit, die wie ein Damoklesschwert über uns hängt und vor allem dann zuschlägt, wenn wir uns in Menschen verlieben, die wir noch nicht gut kennen.

Heute bin ich mit Anton unterwegs. Er ist nicht schwul, sondern „nur“ bisexuell. Wenn er genug Geld gespart hat, dann will er seine Freundin heiraten und mit ihr Milwaukee verlassen. Er wurde kürzlich zum Manager im Baker‘s Square befördert, was ihm seinem Traum ein ganzes Stück näherbringt. Morgen veranstaltet seine Familie ein besonderes Dinner, um den Karrieresprung zu feiern. Bisher war er der Barkeeper im Baker‘s. Dass er nun die Leitung der Bar übernimmt, ist eine große Sache.
Ich bin Antons bester Freund und freue mich, dass er die gute Nachricht als erstes mit mir gemeinsam feiern möchte. Wir sind jetzt im Club 219, einem der bekanntesten Schwulenclubs in Milwaukee. Vor uns stehen zwei leckere Cocktails und die Musik hat eine angenehme Lautstärke, sodass wir uns unterhalten können, ohne dabei schreien zu müssen. Wenn seine Freundin nicht dabei ist, dann lebt Anton die andere Seite

von sich aus.

Club 219

Im normalen Leben wirkt er wie ein typischer Hetero. Doch hier im Club ist er frei und benimmt sich so, wie er es möchte. Keine Regeln, kein Verstecken, einfach nur Spaß haben und sein, wer man ist. Ich bewundere Anton dafür, dass er diese Trennung seiner beiden Leben so gut hinbekommt und bin mir ziemlich sicher, dass er die Beförderung nicht erhalten hätte, wenn sein Lebenspartner keine Frau, sondern ein Mann wäre. Doch darüber möchte ich jetzt nicht nachdenken. Ich erhebe mein Cocktailglas und sage: „Auf dich, Anton. Den besten Manager, den das Baker‘s je gesehen hat."
Anton lacht und das sanfte Klingen unserer Gläser wird durch „Relax" von Frankie Goes to Hollywood überdeckt. Auch wenn das Lied nicht offen homosexuell ist, wird es in jedem Gay Club mindestens einmal am Abend gespielt und jedem geht dabei dieses provokante und einfach nur genial gemachte Musikvideo durch den Kopf.

Scanne diesen QR Code und höre dir den Klassiker „Relax“ von der Band Frankie Goes to Hollywood an!

Als wir ausgetrunken haben, kommt ein junger Mann mit blonden Haaren und Brille an unseren Tisch. „Darf ich euch zwei Neue bestellen?“, fragt er und ohne lang darüber nachzudenken, nicken wir ihm zu. Er setzt sich und zwei Minuten später stellt uns der Barkeeper des Club 219 drei frisch zubereitete Cocktails auf den Tisch.
„Was führt euch hierher?“, fragt unser edler Spender.
„Das, was alle hierherführt“, sagt Anton. „Musik, Cocktails und Spaß.“
Der Mann lächelt und ich überlege, ob ich die Beförderung meines Freundes erwähnen soll. Vielleicht springt dafür ja noch eine Freirunde für uns raus.
„Ich heiße übrigens Jeffrey. Aber ihr könnt mich Jeff nennen.“
„Ich bin Anton.“
„Und ich bin Tim.“
Nachdem wir uns alle vorgestellt haben, fragt unsere neue Bekanntschaft: „Was macht ihr so, wenn ihr nicht gerade in einem Club wie diesem unterwegs seid?“
Anton schaut mich an und gibt mir ein Zeichen, dass ich als Erster antworten soll.
„Ich lese gern“, sage ich etwas unbeholfen. Ich weiß, dass es langweilig klingt, aber es ist die Wahrheit. Ich mag Bücher.
„Du liest? Was liest du denn gerade?“
„Im Moment ‚ES‘ von Stephen King. Ich will es noch fertig lesen, bevor nächstes Jahr die Verfilmung erscheint. Ich habe gehört, dass gerade eine in Arbeit ist. Ich freue mich schon total auf diesen Film! Zuvor habe ich ‚Fegefeuer der Eitelkeiten‘ von Tom Wolfe gelesen. Auch ein sehr faszinierendes Buch.“
Ich habe mich richtig in Ekstase geredet. Literatur ist eines meiner Lieblingsthemen. „Außerdem mag ich ‚Die Farbe Lila‘ von Alice Walker und ‚Liebe in den Zeiten der Cholera‘ von Gabriel García Márquez.“
Als ich meinen Satz ausgesprochen habe, merke ich, dass meine beiden

Zuhörer gelangweilt sind. Das war wohl etwas zu viel. Ein bisschen verlegen schaue ich zu Anton, um ihm zu signalisieren, dass er jetzt dran ist.
„Ich arbeite im Baker's Square. Aber ich wäre gern Model."
Jeffrey macht große Augen. „Model? Meinst du so etwas wie Unterwäsche für Calvin Klein zu tragen?"
Anton kichert. „Das wäre tatsächlich mein großer Traum."
„Nun, ich arbeite zwar nicht für die großen Labels. Aber wie es der Zufall so will, bin ich Fotograf. Und wenn du mich fragst, hast du das perfekte Modelgesicht. Du bist ein sehr attraktiver Mann."
Ich sehe, wie Anton rot wird und bin ein bisschen eifersüchtig. Doch dieser Jeffrey hat recht. Anton ist hübsch. Sehr hübsch sogar. Und nicht nur einmal habe ich mir überlegt, wieso unsere Beziehung immer nur auf freundschaftlicher Ebene geblieben ist.
„Was hältst du davon, wenn wir zu mir nach Hause gehen? Dort habe ich mein Fotoequipment und wir könnten eine kleine Session machen. Wer weiß, vielleicht bringe ich dich ja noch groß raus."
Anton schaut mich an und ich weiß nicht, was ich sagen soll. Ich möchte nicht, dass der Abend schon endet. Außerdem ist mir dieser Jeffrey ein bisschen unheimlich und ich habe ein komisches Bauchgefühl bei der Sache. Doch andererseits möchte ich Anton auch nicht im Weg stehen. Ich mache eine unbestimmte Geste und nehme einen Schluck von meinem Cocktail.
„Ob es Calvin Klein wird, kann ich dir nicht versprechen. Aber wie heißt es so schön? Jeder fängt mal klein an. Vergiss nur nicht, mich zu erwähnen, wenn du später mal berühmt bist, okay?"
Jeffrey nimmt sein Glas in die Hand und prostet uns beiden zu. Anton scheint schwer am Überlegen zu sein. Nachdem auch er einen Schluck von seinem fruchtig leckeren Cocktail genommen hat, sagt er: „Ach, warum nicht? Ich habe ohnehin gerade eine Glückssträhne. Erst die Beförderung und jetzt das." Er schaut Jeffrey fest entschlossen an. „Ich bin dabei. Gehen wir zu dir!"
Mir gefällt das gar nicht. Ohne dass der Mann mit Brille es bemerkt, flüstere ich Anton ins Ohr. „Ich bin mir nicht sicher, ob du das wirklich tun solltest. Das ging gerade alles viel zu schnell. Willst du nicht lieber erst eine Nacht darüber schlafen, bevor du dich für ein Shooting bei einem Fremden entscheidest?"
Anton schüttelt den Kopf und sagt: „Sei kein Spielverderber. Ich weiß, was ich tue, und außerdem ist dieser Jeff echt nett."
Mir bleibt nichts anderes übrig, als das so hinzunehmen. Anton ist 24

und ein erwachsener Mann. Ich bin weder seine Mutter noch seine Frau. Er trifft seine eigenen Entscheidungen und ganz offensichtlich ist er sich in dieser Angelegenheit absolut sicher.
Wir trinken noch gemeinsam aus und ich erinnere Anton daran, dass morgen sein Familienessen auf dem Plan steht. Er sollte also nicht zu lange bei Jeffrey bleiben. Aber auf Anton ist Verlass. Er hat noch nie einen Termin verpasst und wird morgen sicherlich pünktlich bei seiner Feier sein.
Wir verabschieden uns und ich gehe nach Hause.

Es ist nun fast zwei Monate her, seit ich Anton das letzte Mal gesehen habe. Zum vereinbarten Familienessen ist er nicht gekommen und auch im Baker‘s Square ist der frisch gebackene Manager nicht mehr aufgetaucht. Seine Verlobte und ich machen uns sehr große Sorgen und bin mir ziemlich sicher, dass sein Verschwinden etwas mit diesem angeblichen Fotografen zu tun hat. Jeffrey ...

In dem Versuch, ihn wiederzufinden, gehe ich in den Club 219. Es heißt, dass ein Verbrecher zum Ort des Verbrechens zurückkehren würde. Ich setze mich auf einen Platz, von dem ich den ganzen Raum überblicken kann und bestelle mir eine Cola. Alkohol möchte ich keinen, denn meine Sinne dürfen nicht beeinträchtigt sein.
Ich blicke mich um und schaue mir jedes Gesicht genau an. Von Jeffrey keine Spur. Aus den Boxen tönt die übliche Musik, die mir eigentlich gefällt. Heute lässt sie mich jedoch kalt. Ich darf mich nicht ablenken lassen und muss meine Umgebung genau beobachten. Jeder Mann, der das Lokal betritt, wird von meinen Augen intensiv untersucht.
Von 19:00 bis 4:00 Uhr sitze ich da und trinke Cola.
„Auf wen du auch wartest, er kommt heute ganz sicher nicht mehr“, sagt der Barmann zu mir und macht ein mitleidiges Gesicht. Vermutlich denkt er, dass ich eine Verabredung hatte, die mich sitzenließ.
„Sieht wohl so aus.“
„Wir schließen gleich. Ich muss dich leider bitten zu gehen. Tut mir echt leid für dich.“
Mir tut es auch leid, denke ich und verlasse die Bar.

Ich sitze erneut im Warteraum eines der Polizeireviere von Milwaukee. Nachdem man mir im Silver Spring Drive nicht helfen wollte, probiere ich es nun in der Lincoln Avenue. Beinahe jeder District hat sein eigenes Revier und mir ist schon häufiger aufgefallen, dass nicht alle Beamten freundlich sind. Mit manchen kann man reden, doch bei einigen verfinstern sich die Mienen, sobald sie hören, dass Anton und ich in einem Schwulenclub waren.

Police Department Lincoln Avenue

Nach quälend langen Minuten des Wartens, in denen ich mir die Fahndungsfotos flüchtiger Verbrecher angeschaut habe, werde ich endlich aufgerufen. Ich folge einem untersetzen Mann mit Kurzhaarfrisur zu seinem Platz und überlege, wie ich mein Anliegen diesmal am besten vortrage.
„Sie möchten jemanden als vermisst melden?", fragt mich der Polizist. Auf seiner Uniform lese ich den Namen Williams.
„Richtig, Mr. Williams. Mein guter Freund Anton ist schon fast zwei Monate verschwunden. Ich glaube, dass er entführt wurde."
„Und was veranlasst Sie zu dieser Annahme?" Die Stimme des Beamten klingt monoton. Von Anteilnahme keine Spur. Für ihn ist dies alles nur ein Routinefall. Eine weitere Aktenmappe auf seinem Schreibtisch.
„Wir haben in einem Club jemanden kennengelernt, der Anton mit nach Hause genommen hat. Seither ist er weder auf der Arbeit noch bei seiner Familie erschienen. Auch seine Freundin hat ihn nicht mehr gesehen."

„Was war das für ein Club?"
„Club 219", sage ich und sofort kräuseln sich die Augenbrauen von Detective Williams.
„Ist das nicht einer dieser ..."
„Ja, genau", unterbreche ich ihn, bevor er dieses abwertende Wort sagt, dass ich bereits auf dem anderen Polizeirevier gehört habe.
Detective Williams hat noch einige Fragen auf dem Zettel und ich habe das Gefühl, dass er sie nur der Form halber stellt. Nach einer Viertelstunde legt er seinen Stift zur Seite, fährt sich durchs kurze Haar und schaut mich an.
„Wissen Sie, was ich glaube?", fragt er mich und noch bevor ich antworten kann, fährt er fort: „Ich glaube, dass Ihr Freund mit diesem Jeffrey durchgebrannt ist. Ich habe so etwas schon oft erlebt. Ein heimlich Schwuler betrügt seine Freundin in einem dieser Clubs und weiß ganz genau, dass seine Familie seinen neuen Lebensstil nicht gutheißen würde. Also haut er ab und geht seinen Neigungen woanders nach. Sie haben gesagt, dass Anton heiraten wollte."
Ich nicke.
„Kurz vor der Hochzeit, also kurz bevor es ernst wird, bekommen viele Männer kalte Füße. Vor allem die, die nicht wirklich auf Frauen stehen. Ihrem Anton ist wahrscheinlich klar geworden, dass er so nicht leben möchte und da kam dieser Jeffrey, der ihn auch noch attraktiv findet, gerade recht. Ich sag's Ihnen, Ihrem Freund geht es gut. Entweder taucht er wieder auf, sobald er die Nase voll hat von Jeffrey. Oder Sie werden ihn nie wieder sehen. Aber eines kann ich Ihnen mit Sicherheit sagen: Entführt wurde er nicht."
Die gleiche Theorie, wie beim letzten Mal, stelle ich fest. Ich weiß, dass es sinnlos ist, dagegen zu diskutieren. Detective Williams würde mir sowieso nicht glauben. In seinem Weltbild ist die Geschichte, dass Anton durchgebrannt ist, die einzig logische. Resigniert stehe ich auf und mache gedanklich einen Haken an das Polizeirevier der Lincoln Avenue. Vielleicht habe ich in einem anderen District mehr Glück.

Acht Monate sind nun seit Antons Verschwinden vergangen. Ich hatte kein Glück. Nirgends wollte man mir helfen und jeder Polizist zog die gleichen Schlüsse aus seiner Geschichte. Auch seine Verlobte hatte keinen Erfolg dabei, die Polizei zum Ermitteln zu bewegen. Es war völlig zwecklos, in dieser Sache weiterzumachen, also gab ich auf und zog auf

eigene Faust los. Immer wieder ging ich zum Club 219 und in andere einschlägige Lokale, und suchte in den Gesichtern nach dem Mann, der angeblich Fotograf war.
Gerade als ich die heutige Mission abbrechen will, sehe ich ihn reinkommen. Ich erkenne ihn sofort. Seine markante Pilotenbrille, seine leicht fettigen Haare. Er sieht genauso aus wie vor ungefähr einem halben Jahr, als ich ihn zum ersten und letzten Mal sah. Mein Herz fängt an zu rasen und meine Knie zittern. Heute ist es endlich so weit. Aus dem Augenwinkel beobachte ich Jeffrey, wie er sich gerade ein großes Bier am Tresen genehmigt. Ich setzte mich daneben. Er scheint mich nicht zu erkennen, aber trotzdem sucht er sofort Blickkontakt und spricht mich an. Er erzählt mir, dass er sich zurzeit im offenen Vollzug befindet und gerade Freigang hat. Eine merkwürdige Art, ein Gespräch anzufangen. Aber mir soll es nur recht sein. Wahrscheinlich war er deshalb länger nicht unterwegs und ich konnte ihn nirgends finden. Eine Gerichtsverhandlung. Wofür man ihn wohl drangekriegt hat? Hat er noch jemanden verschwinden lassen? Nein, für so ein Verbrechen würde er mehrere Jahre einsitzen. Ich motiviere ihn, seine Freiheit richtig zu nutzen und auf härteren Alkohol umzusteigen. Er soll betrunken sein, nicht mehr klar denken können. Sich nicht wehren können.
Wodka, Whisky, Rum, Tequila. „Bestell ruhig auf meine Rechnung", sage ich ihm und er nimmt das Angebot dankbar an.

Als es ihm schwerfällt, aufrecht zu sitzen und sein Blick keinem klaren Ziel mehr folgt, sehe ich meine Chance gekommen. Ich bugsiere ihn in mein Auto und fahre ihn zu mir. Seinen besinnungslosen Körper fessle ich und sichere das Seil mit dem vorbereiteten Zahlenschloss. Anschließend lasse ich meiner Wut freien Lauf und stelle mit ihm die Dinge an, die mir seit Monaten durch den Kopf gehen. Am Ende lasse ich seinen geschundenen Körper liegen und warte, bis dieses Scheusal aufwacht.
„Wo ist Anton? Was hast du mit ihm gemacht?", frage ich Jeffrey, als er zu Bewusstsein kommt.
Er sitzt da wie ein Häufchen Elend. Vergewaltigt, verkatert und gefesselt. „Wer?" fragt er benebelt. Das macht mich so wütend, dass ich ihm ins Gesicht schlage. „Das kann ich dir nicht sagen", keucht er und ich bemerke, dass es ihm schwerfällt, die Worte zu formen.
„Kannst nicht oder willst nicht?", rufe ich. „Wo zum Teufel steckt mein Freund?!"
Ich stelle diese Frage wieder und immer wieder, doch es bringt nichts.

Ich erhalte keine Antwort und nach mehreren Stunden des Verhörens gebe ich auf. Nun gibt es nur noch eine Sache, über die ich entscheiden muss: das Schicksal dieses angeblichen Fotografen.
Ein Teil von mir will ihn gehen lassen. So schlimm sein Verbrechen auch ist: ich habe nicht das Recht, ihm sein Leben zu nehmen. Vielleicht lebt Anton noch, vielleicht ist er schon tot. Ich weiß es nicht. Bedenkt man die Zeit, die seit seinem Verschwinden vergangen ist, liegt die Vermutung nahe, dass letzteres der Fall ist.
Und dieser Mann hier - Jeffrey, wie er angeblich heißt - ist dafür verantwortlich. Wenn ich daran denke, was er meinem Freund angetan haben könnte, überkommt mich die Wut. Und dennoch: Ich darf ihn nicht leichtfertig töten. Gleiches sollte nie mit gleichem vergolten werden. Außerdem würde ich mich damit auf dieselbe, niedere Stufe begeben, auf der er sich bewegt. Das darf ich mir selbst nicht antun. Es würde etwas in mir zerbrechen, was nie wieder repariert werden könnte.
Außerdem habe ich ihn bereits leiden lassen. Ich habe ihn seiner Freiheit und seiner Würde beraubt. Alles, worauf er jetzt noch hoffen kann, ist Absolution für ein Verbrechen, für das es eigentlich keine Absolution geben dürfte. Fieberhaft denke ich nach, was nun am besten zu tun ist. Wie verhalte ich mich, ohne mich selbst zu verlieren und ohne Antons Andenken zu beschmutzen? Aber es gibt einen anderen Weg, diese Situation aufzulösen. Ich hatte ihn vorher schon einige Male durchdacht und deshalb auch das Zahlenschloss an seinen Fesseln befestigt. Gebe ich ihm diese Chance?

Der Mann vor mir winselt. „Lass mich gehen, Tim", ruft er mit beschwörender Stimme. Seine Augen sind mit Tränen gefüllt, sein Leib zittert und sein Blick ist eine Mischung aus Wahnsinn und Berechnung. Er spürt, dass ich innerlich mit mir hadere. Ihm ist klar, dass ich kein kaltblütiger Mörder bin. Zumindest noch nicht. Je länger ich darüber nachdenke und je intensiver die Emotionen über Antons Verschwinden von mir Besitz ergreifen, desto wahrscheinlicher wird es, dass ich eine Grenze übertrete, an die ich im Moment noch nicht zu denken wage.
„Was hast du jetzt vor, Tim?"
Ich versuche ein letztes Mal, die Wahrheit aus ihm herauszubekommen. „Wo ist Anton? Was hast du mit ihm gemacht? Wo hast du ihn hingebracht?" Mir ist klar, wie die Antwort ausfallen wird. Doch ich würde es bereuen, es nicht so oft wie möglich versucht zu haben.
„Ich kann es dir nicht sagen. Hast du mir nicht schon genug angetan?

Bitte, lass mich gehen. Ich flehe dich an." Er scheint große Angst zu haben, denn die letzten Worte des gefesselten Jeffrey sind kaum noch zu verstehen. Seine Stimme ist genauso brüchig wie mein Wille, nicht zum Mörder zu werden. Ich muss etwas tun. Ich habe mich entschieden.

„Ich werde dich gehen lassen", sage ich.

Jeffreys Augen weiten sich. Hoffnung keimt in ihm auf. Er will etwas sagen, doch ich komme ihm zuvor.

„Allerdings kann ich dich nicht so ohne weiteres gehen lassen. Du musst es dir verdienen."

„Ich tue alles, was du willst", sagt er und ich glaube ihm.

„Gut. Doch es geht nicht darum, was ich will. Sondern vielmehr darum, was du kannst. Ich werde dir ein Rätsel stellen. Gelingt es dir, es zu lösen, wartet auf dich die Freiheit. Scheiterst du, dann bist du gewissermaßen selbst für deinen Tod verantwortlich. Klingt fair, oder?"

„Was für ein Rätsel soll das sein?", fragt Jeffrey und in seinen Augen blitzt ein Funken auf, den ich nur schwer deuten kann.

„An deinen Fesseln befindet sich ein Schloss. Deine Hände haben genau so viel Platz, dass sie die richtige Zahlenkombination eintippen können. Du hast drei Versuche, danach ist das Schloss gesperrt und du sitzt hier fest. Und du wirst nicht mehr lebendig raus kommen."

„Und woher bekomme ich die richtigen Zahlen?"

„Ich werde dir das Rätsel stellen und das Ergebnis wird die Zahlenkombination sein. Aber das ist noch nicht alles. Sobald du das erste Schloss geöffnet hast, musst du noch den Ersatzschlüssel für meine Wohnung finden, um hier hinauszukommen. Ich werde gleich verschwinden und wenn es dir nicht gelingt, beide Teile des Rätsels innerhalb von einer halben Stunde zu lösen, dann wirst du hier festsitzen. Und wenn ich wiederkomme ..." Ich spreche es nicht aus.

„Okay, ich habe verstanden", sagt Jeffrey. Ich nicke und nenne ihm das Rätsel samt Hinweisen. Um sicherzugehen, dass er alles verstanden hat, wiederhole ich meine Worte. Anschließend gehe ich zur Tür.

Das Böse in mir wünscht sich, dass Jeffrey nicht auf die Lösung kommt. Dass er den Code dreimal falsch eingibt, den Ersatzschlüssel nicht findet und er noch hier ist, wenn ich wiederkomme. Doch ein anderer Teil in mir (das Gute?) wünscht ihm Glück. Nicht, weil ich ihm das Leben so sehr gönne. Sondern vielmehr, weil ich nicht so sein will, wie er. Ein Mörder.

RÄTSEL 6

An dem Seil um deinen Armen befindet sich ein Zahlenschloss. Insgesamt lassen sich fünf Ziffern einstellen.

Der Hinweis lautet: Mach dir den Namen deines Mordopfers so bewusst wie möglich und löse den Code.

Lösung: ______________________

____

____

RÄTSEL 7

Der Schlüssel befindet sich in einem König des Bücherregals. Genauer gesagt, in einem sehr bekannten Pronomen dieses Königs.

Lösung: ______________________

____

____

Als Erstes führt mich mein Weg in eine Bar. Ich brauche jetzt unbedingt einen Drink, um meine Nerven zu beruhigen. Dem Barmann signalisiere ich, dass ich nicht an einer Unterhaltung interessiert bin und immer wenn ich angesprochen werde, winke ich ab. Mir ist nicht nach Konversation zumute. Ich brauche meine Ruhe und will mit meinen Gedanken alleine sein.
Dem ersten Drink folgt ein zweiter und die alkoholische Schwere legt

sich über die Düsternis in meinem Kopf. Schon früh habe ich gelernt, dass es zwei Arten von Trinkern gibt: diejenigen, die mit jedem Schluck melancholischer werden und in eine Kaskade der Selbstzweifel fallen. Und diejenigen, deren Inneres vom Alkohol befreit wird. Glücklicherweise gehöre ich zu letzteren.
Nachdem ich ausgetrunken und bezahlt habe, verlasse ich das Etablissement und mache eine kleine Busreise. Ich besuche meine Familie und verbringe die Nacht in meinem ehemaligen Kinderzimmer. Es hat etwas ungemein Beruhigendes, von angenehmer und schöner Vergangenheit umgeben zu sein. Der Mann, der sich in meiner Wohnung befindet (oder nicht mehr befindet?) wird in meinem Kopf immer kleiner und erscheint mir mit jeder Minute, die ich mich in nostalgischen Gefühlen ergehe, immer unwirklicher.
Am nächsten Tag frühstücke ich mit meinen Eltern und wir reden über Belanglosigkeiten. Es ist ein gutes Gespräch und gibt mir die Kraft, wieder zurückzufahren und nachzusehen, ob er sich noch in der Wohnung befindet.

Mit pochendem Herzen und erhöhter Atemfrequenz öffne ich die Tür und mein Blick wandert sofort zum Stuhl.
Keiner da.
Er hat es geschafft. Das Monster, welches sich in meiner Gewalt befand, ist frei. Einerseits bin ich erleichtert. Schließlich hat mich meine Tat nicht zum Mörder gemacht und ich muss mich auch nicht um die Beseitigung einer Leiche kümmern. Andererseits fühle ich mich schuldig. Schuldig gegenüber meinem Freund Anton.

Drei Monate später sehe ich den blonden Mann mit Brille erneut in einer Bar. Er unterhält sich mit einem jungen Kerl und meine innere Stimme sagt mir, was als Nächstes passieren wird: Die Beiden gehen zu ihm nachhause. Einer wird den Abend überleben. Der andere möglicherweise nicht.
Zwei Fragen wiederholen sich in meinem Kopf und lassen mir keine Ruhe. Erstens: Hätte ich ihn aufhalten sollen? Zweitens: Soll ich ihn jetzt aufhalten?

Kapitel 5

Nebenan das Grauen

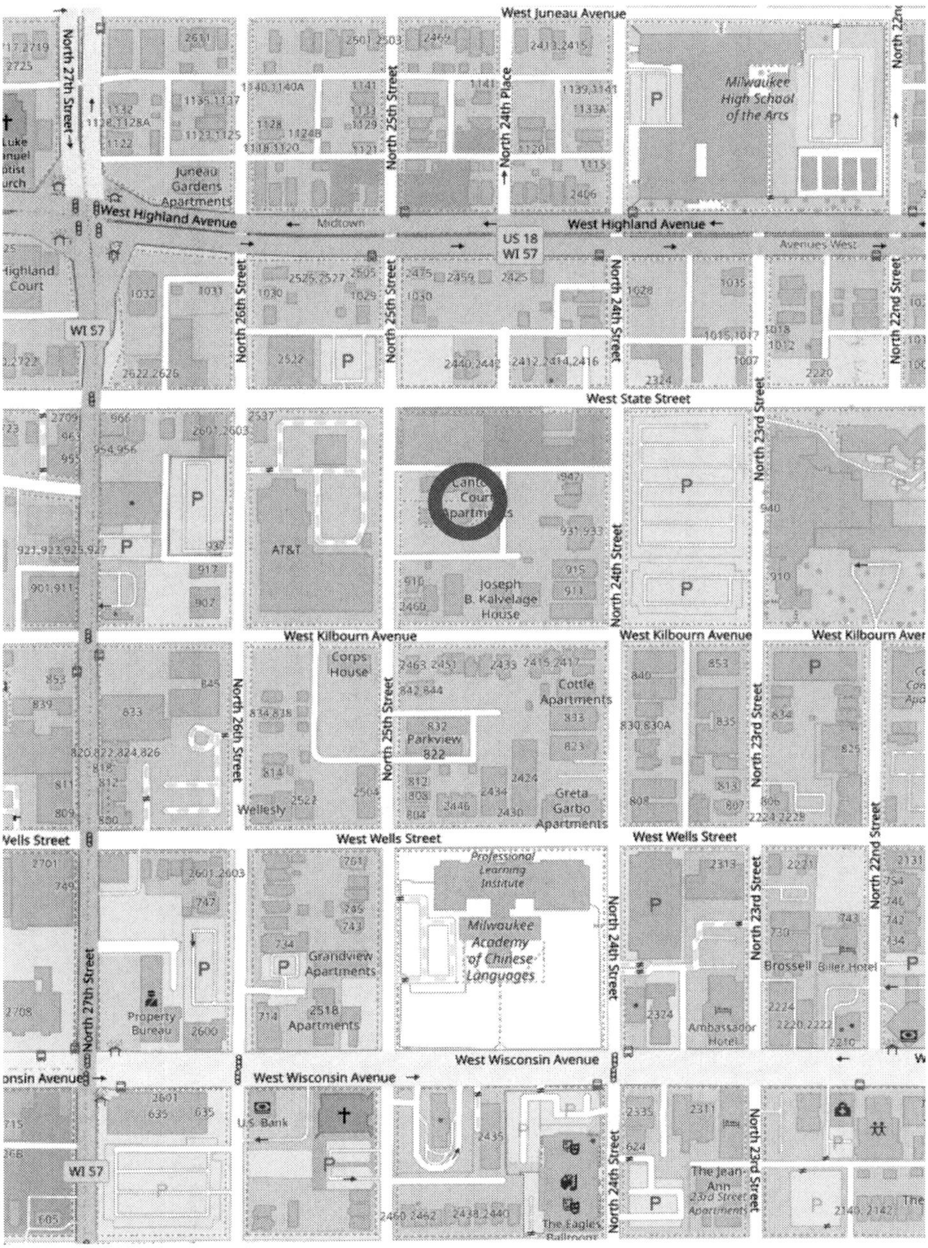

Dass etwas faul war, habe ich schon lange vorher gewusst. Niemand hat mir geglaubt und am Ende sind so viele Menschen gestorben, die hätten gerettet werden können. Junge Menschen. Unschuldige Menschen. Menschen, die eine Zukunft gehabt hätten und die ein erfülltes Leben hätten führen können. Nicht nur Jeffrey Dahmer hat es ihnen genommen. Auch die Polizei von Milwaukee ist mitverantwortlich für all diese Morde.
Es gibt kaum einen besseren Begriff für das, was in den Oxford-Apartments vor sich ging als „faul“. Ich weiß das am besten. Denn ich habe diese Fäulnis über ein Jahr lang mitbekommen.

In diesem Haus wohnte Jeffrey Dahmer

Faul war das Verhalten des kauzigen blonden Mannes mit der Brille. Faul war der Geruch, der aus seiner Wohnung strömte und den jeder bemerkte, der das Haus betrat. Faul waren die nächtlichen Besuche und die seltsamen Geräusche. Faul war auch das Fleisch, das Jeffrey in Sandwiches packte und an die Nachbarn verteilte. Doch wie faul dieses Fleisch wirklich war, das sollte sich für alle erst am 22. Juli 1991 herausstellen.
Mir war es schon viel eher klar. Ich habe die Zeichen erkannt und hätte man auf meine Worte gehört, hätte man das Leid beenden können, bevor der „Milwaukee Kannibale“ zu einem der fünf schlimmsten Serienmörder aller Zeiten geworden ist.

Doch beginnen wir von vorn. Jede Geschichte hat einen Anfang und ein Ende. Und der Anfang meiner Geschichte ist so erschreckend normal und unscheinbar, dass ich kaum glauben kann, was aus ihm werden würde.

Es war im Mai 1990. Ich lebte schon seit einiger Zeit in der 924 N 25th Street. Die Apartments lagen in einem kleinen Ausläufer genau zwischen der Kilbourn Avenue und der State Street. Keine schöne Gegend. Die Häuser selbst trugen auch nicht gerade zur Verschönerung bei, denn sie waren mehr auf Funktionalität denn auf Komfort ausgelegt. Aber die Wohnungen waren relativ günstig. Deshalb zogen sie auch diese Art von Bewohnern an.

Obwohl wir uns knapp 100 Meilen nördlich von Chicago befanden, war unser Viertel von genau der gleichen Kriminalität geplagt wie „The Windy City" mit seinem ikonischen Sears Tower. Es gab unzählige kleine Drogendealer, die die Nachbarschaft mit Crack, Gras und Heroin versorgten. Die Arbeitslosenquote lag weit über dem landestypischen Durchschnitt und die überall präsente Beschaffungskriminalität der Süchtigen sorgte dafür, dass man sich nur unter Angst auf die Straße traute und ständig fürchtete, ausgeraubt zu werden. Ich kann mich an keinen Tag erinnern, an dem ich mich in den westlichen Avenues von Milwaukee sicher gefühlt hätte.

Diese ständige Angst schärft das Bewusstsein. Man achtet viel mehr auf die Details, ist voreingenommen und vermutet hinter allem, was man nicht kennt, etwas Schlechtes. Wenn ich nach draußen ging, dann wusste ich, dass ich auf meine Umgebung achten musste. Ich war immer bereit, sofort zu schreien und wegzurennen, falls mich etwas berühren sollte. Vertrauen war für Leute wie uns ein Fremdwort.

Und wenn ich von „Leuten wie uns" spreche, dann meine ich die Gestrandeten. Menschen, die sich keine bessere Wohnung in einem weniger gefährlichen Viertel leisten konnten und deren wenig rosige Zukunft bereits in Stein gemeißelt schien. Unsere Gegend war ein Schmelztiegel, eine Melange unterschiedlichster Kulturen und Herkünfte.

Viele arbeiteten als Haushaltshilfen, als Gärtner, als Schuhputzer oder verrichteten andere Dienstleistungen für Leute, die ein Vielfaches verdienten. Ich gehörte zum afroamerikanischen Teil der Bevölkerung und wir machten in den westlichen Avenues rund die Hälfte der Einwohner aus. Nur etwa 10% unserer Nachbarschaft bestand aus Weißen und die meisten von ihnen waren entweder Alkoholiker oder Junkies.

Ich sage das alles nicht, um zu meckern. Wenn Sie mich fragen, sorgten viele Faktoren dafür, dass unser Viertel vor die Hunde ging. Ich möchte all das sagen, damit Sie wissen, in was für eine Gegend der 30-Jährige Jeffrey Dahmer zog. Sodass Sie einschätzen können, warum es zu dem Polizeiversagen kam, das so viele Menschenleben forderte.

Wenn jemand von der East Side im Lake Park die Cops rief, weil sich ein Nachbar seltsam benahm oder es aus einer Wohnung nach verwesendem Fleisch roch, dann waren sofort mehrere Streifenwagen und sicherlich auch der eine oder andere Fernseh- oder Radiosender zur Stelle. Wurde jemand im North Point North Historic District umgebracht, dann berichteten die Zeitungen wochenlang darüber und Politiker stritten in Talkshows, wie man die Gegend sicherer machen könnte.

Ereignete sich der Mord jedoch in den westlichen Avenues, dann las man davon auf den hinteren Seiten in einem kleinen Absatz. Und natürlich schob man es auf die Drogen. Entweder wurde ein Dealer bei einem seiner Käufer ungeduldig und trieb die Schulden auf rabiate Weise ein oder ein Passant wurde erschlagen, weil er eine teure Uhr oder schicke Schuhe trug. Nichts davon erregte Aufmerksamkeit und jeder dieser Fälle wurde standardisiert abgearbeitet. Häufig landeten sie einfach auf einem der vielen Aktenberge.

Apartment 213

Sie können sich vorstellen, wie überrascht ich war, als ich diesen sympathisch wirkenden blonden Kerl mit der markanten Brille gesehen habe, als er in Appartement Nummer 213 einzog. Wir stellen uns einander vor und fragte ihn, was ihn in eine Gegend wie diese verschlagen würde.
„Die Oxford-Apartments sind billig", sagte er. „Ich möchte keine hohe Miete bezahlen und brauche auch nicht viel."
Schon bei seinem ersten Satz fiel mir auf, dass Jeffrey Dahmer unmöglich in unserem Viertel aufgewachsen war. Niemand hier redete so deutlich und ordentlich. Wenn einer „von uns" geantwortet hätte, dann hätte er gesagt: „Hier isses billig. Ne hohe Miete zahlen möcht' ich nich und brauchen tue ich auch nich viel."
Jeffrey wählte seine Worte mit Bedacht. Er verschluckte keine Endungen und hielt sich an die Regeln der englischen Grammatik. Wer so redete, der hatte eine gute Schulbildung genossen und wahrscheinlich auch eine anständige Erziehung. Zwei Dinge, die den meisten „von uns" verwehrt blieben.
„Wozu brauchen Sie das denn? Und was ist das überhaupt?", fragte ich Herrn Dahmer und zeigte auf ein schwarzes Gerät, das er über seiner Wohnungstür anbrachte.
„Abschreckung", sagte er im ersten Moment nur und ich hatte keine Ahnung, was er damit meinte. Nach ein paar Sekunden, in denen er den Apparat ausrichtete, fügte er hinzu: „Das ist eine Kameraattrappe. Wenn ein Einbrecher die sieht, dann sucht er sich ein anderes Opfer und lässt mich in Ruhe."
„Eine Kamera also?", fragte ich und wusste zu dem Zeitpunkt noch nicht, wie naiv ich mich angehört haben musste. Das Wort „Attrappe" kam in meinem Wortschatz nicht vor. Man hatte es mir nicht beigebracht und ich hatte auch noch nie ein Buch gelesen, in dem der Begriff vorgekommen wäre.
„Nicht wirklich", sagte Jeffrey und mir fiel auf, dass er die ganze Zeit schon sehr monoton redete. In unserem Viertel war es üblich, dass man beim Sprechen mal lauter und leiser, mal langsamer und mal schneller wurde. Bei Jeffrey waren die Sätze wie ein Teppich, dessen Muster sich alle paar Zentimeter verlässlich wiederholte.
„Es ist keine echte Kamera. Die Einbrecher sollen nur denken, dass es eine wäre. Eine echte Kamera wäre mir zu teuer. Attrappen sind billiger." Herr Dahmer klebte das Stromkabel an die Wand und mir wurde klar, dass diese Kamera ohne eine Verbindung zu den Hausleitungen gar nicht funktionieren konnte.

„Also keine echte Kamera?“, hakte ich nach.
„Keine echte Kamera“, bestätigte Jeffrey geduldig.
Ich habe unser erstes Gespräch, und wie ich mich dabei fühlte, noch so genau in Erinnerung, dass ich jedes Detail davon beschreiben könnte. Zwar bemerkte ich, dass der Mann mit Brille etwas seltsam war, doch irgendwie mochte ich ihn. Ich hatte den Eindruck, dass wir uns gut verstehen würden und dass ich endlich einen Nachbarn bekäme, der mich nicht mit lauter, unsäglicher Musik mitten in der Nacht aus dem Schlaf reißen würde.
Das mit der Musik sollte sich bewahrheiten. Alles andere nicht.

Von dem ersten Mord, den Jeffrey Dahmer in den Oxford-Apartments verübte, habe ich nichts mitbekommen. Wie sich herausstellte, betäubte er sein Opfer und brachte es im bewusstlosen Zustand um. Das Erschreckende daran ist jedoch, dass ich den Mann gesehen habe. Es war eine Woche, nachdem mein neuer Nachbar eingezogen war. Die beiden kamen offenbar von einer Party und sind Arm in Arm in die Wohnung gegangen.
Noch heute sehe ich sie vor mir und habe das Gesicht des jungen Mannes vor Augen. Sein Blick war vom Alkohol schon etwas glasig, seine Bewegungen leicht torkelnd und seine Sprechweise schleppend. In der Nacht drangen keine Geräusche aus Jeffreys Wohnung. Er hat ihn eiskalt und lautlos getötet.
Natürlich habe ich über die Begegnung nicht weiter nachgedacht und auch die Tatsache, dass ich nicht beobachtet habe, wie der Mann den Apartmentkomplex verließ, hat mich nicht beunruhigt. Warum auch? Mir war schon sehr früh klar, dass Herr Dahmer ein homosexueller Single war. Umso weniger überraschte es mich, dass er Männerbesuch mit zu sich nahm. Ich hatte einfach angenommen, dass sie die Nacht miteinander verbrachten und der unbekannte Herr Jeffreys Wohnung früh in den Morgenstunden verließ, als ich noch tief und fest schlief.

Die ersten Bedenken kamen mir im Juni 1990, quasi einen Monat nach Dahmers Einzug. Wieder kam Jeffrey mit einem fremden Mann ins Haus und wieder dachte ich zunächst, dass es sich um einen One-Night-Stand handeln würde. Doch nach etwa zwei Stunden hörte ich Schreie aus der Wohnung meines Nachbarn. Nicht die Art von Schreien, die man bei einem Geschlechtsakt erwarten würde. Es waren flehentliche Schreie. Ängstliche Schreie.

Am meisten haben mich jedoch dieses dumpfe Geräusch und die anschließende Stille beunruhigt. Es klang so, als würde jemandem mit einem Baseballschläger auf einen Halloween-Kürbis einschlagen. Die Schreie endeten abrupt und ich konnte auch kein Gespräch, keine Unterhaltung aus Jeffreys Zimmern vernehmen. Voller Sorge verließ ich meine Wohnung und klopfte an die Tür mit der Nummer 213. Es war das fünfte Apartment auf der rechten Seite des Flurs und genau gegenüber von meinem.

„Herr Dahmer? Ist alles in Ordnung bei Ihnen?", rief ich.

Stille.

Ich klopfte erneut. Dieses Mal etwas fester und länger als zuvor. „Herr Dahmer? Können Sie mich hören?"

Etwas rumpelte in 213. Danach hörte ich Schritte und schließlich die Stimme von Jeffrey: „Alles in Ordnung. Gehen Sie, Frau Bass. Legen Sie sich schlafen. Es ist schon spät."

Seine Antwort erschien mir seltsam. „Ja, natürlich ist es spät. Deswegen wundere ich mich über die Geräusche, die ich eben aus Ihrer Wohnung gehört habe. Ist wirklich alles in Ordnung? Was ist bei Ihnen passiert?"

Zum allerersten Mal vernahm ich einen genervten Ton in der Stimme von Jeffrey, als er antwortete: „Gar nichts ist passiert. Mir ist nur etwas runtergefallen. Mehr nicht. Gehen Sie jetzt einfach."

In diesem Moment wusste ich, dass er mich anlog. Ich erzählte Ihnen doch, dass wir Leute von den westlichen Avenues auf Details achteten. Auf Anzeichen dafür, dass etwas nicht stimmt. Die Tatsache, dass Herr Dahmer seine ansonsten monotone Stimme nicht beherrschen konnte, war für mich ein eindeutiges Signal, dass er etwas verbergen wollte. Das wusste ich so genau, wie ich wusste, dass kein Kammerjäger der Welt das Kakerlakenproblem in unserem Keller bekämpfen konnte.

Das schlechte Gefühl verfestigte sich am nächsten Tag. Als ich die Haustür ins Schloss fallen hörte, ging ich auf den Flur und traf auf Jeffrey. In seinen Händen hielt er ein großes, blaues Fass und als er mich sah, verfinsterte sich seine Miene.

„Was haben Sie denn mit dem Ding vor?", fragte ich ihn und schaute ihm dabei in die Augen.

Er senkte den Blick und meinte: „Darin werde ich tote Tiere aufbewahren und ihre Körper mit Säure auflösen. Ich habe es Ihnen noch nicht erzählt, doch ich interessiere mich sehr für die Anatomie von Hunden und Vögeln."

Die Vorstellung von Kadavern in einem Fass, direkt gegenüber meiner

Wohnung, ekelte mich an. „Und was machen Sie mit den Tieren, nachdem Sie sie aufgelöst haben?"
„Ich sammle ihre Knochen und führe verschiedene Studien durch, die mir mein Vater beigebracht hat. Wissen Sie, wenn man einen Tierkörper in Säure auflöst, bleiben die Knochen übrig und nachdem man die Säure abgewaschen hat, kann man die Überreste eingehend untersuchen. Dieses Fass hier ..." Er klopfte gegen den Kunststoffbehälter. „... sorgt dafür, dass die Säure nicht auf den Boden kommt. Es ist immun gegen Ätzungen und damit der perfekte Gegenstand für mein Vorhaben."

Fass in Jeffrey Dahmers Apartment

Damals wusste ich es noch nicht. Doch statt toter Tiere würde Jeffrey das Fass für die Leichen seiner Opfer benutzen. Die Vorgehensweise war dieselbe, wie er sie mir geschildert hatte. Es gab nur einen Unterschied: Ein Hund oder Vogel würde im Ganzen in den Behälter passen. Einen Menschen musste er zunächst mit einer Säge zerteilen. Arm für Arm, Bein für Bein und schließlich Torso und Kopf.
Hätte ich damals im Juni 1990 bereits gewusst, was Jeffrey tun würde, ich hätte mich auf der Stelle im Hausflur übergeben.
Doch obwohl ich keine Ahnung von der tatsächlichen Bedeutung des Fasses hatte, wusste ich, dass etwas faul war. Ich ging in meine Wohnung zurück und nahm das Telefon zur Hand. Ich wählte die 911 und sagte:

„Ich glaube, mein Nachbar hat gestern Nacht ein Gewaltverbrechen verübt. Ich habe seltsame Geräusche aus seiner Wohnung gehört. Besteht die Möglichkeit, dass ich anonym bleibe und Sie eine Streife schicken, die in seinem Apartment nachsieht?"
„Wo hat das Gewaltverbrechen stattgefunden?", fragte mich die routinierte Stimme am Telefon.
„924 N 25th Street, Milwaukee", sagte ich wahrheitsgemäß.
„Westliche Avenues?", hakte die Stimme nach.
„Ja, genau. Ganz in der Nähe der Kalvelage Mansion. Kennen Sie das?"
In der Leitung hörte ich ein leises Stöhnen. „Ich kenne das Schloss. Und ich kenne auch Ihre Straße." Es folgte eine kurze Pause. Und danach: „Tut mir leid, wir können keine Streife zu Ihnen schicken, ohne konkrete Beweise für eine Gewalttat."
Auch wenn ich schon vorher vermutet hatte, dass man mich abspeisen würde, war ich enttäuscht. „Aber ich habe eindeutig Schreie und einen dumpfen Schlag gehört", sagte ich.
Erneut dieses leise Stöhnen. „Vielleicht hat Ihr Nachbar den Fernseher zu laut eingestellt und einen dieser Gangsterfilme geschaut. Sie kennen das doch. Spät abends läuft nur noch Mord und Totschlag."
Resigniert legte ich auf. Es sollte nicht der einzige Anruf dieser Art bleiben. Ich meldete mich in den folgenden Monaten mit bestechender Regelmäßigkeit bei der Polizei. Doch immer, wenn ich entweder meine Adresse oder den Umstand nannte, dass es sich bei meinem Nachbarn um einen Homosexuellen handelte, bekam ich eine wenig zufriedenstellende Antwort. Die Konsequenz war jedes Mal dieselbe: Kein Polizist wagte sich in die Oxford-Apartments in der 924 N 25th Street.

Im Laufe der Zeit drang aus Jeffreys Wohnung ein ekelhafter Geruch, der sich im ganzen Haus ausbreitete. Ich roch ihn, wenn ich morgens aufwachte und vor allem dann, wenn ich mit meinen Einkäufen von draußen in den Hausflur kam, stieg er mir stechend in die Nase. Selbst wenn ich mir ein Tuch vors Gesicht hielt oder mich zwang, durch den Mund zu atmen, konnte ich ihn wahrnehmen.
Einmal als mir Herr Dahmer zufällig vor meiner Tür begegnete, stellte ich ihn zur Rede: „Ich halte das langsam nicht mehr aus. Sie müssen etwas gegen diesen Gestank unternehmen", sagte ich.
„Was genau meinen Sie?" Jeffrey hatte wieder seinen monotonen Singsang in der Stimme.
„Riechen Sie das nicht? Im ganzen Haus stinkt es erbärmlich. Und der

Ursprung des Geruchs kommt eindeutig aus Ihrem Apartment."
Jeffrey Dahmer legte seinen Kopf ein Stück zur Seite und schaute mich an. „Erinnern Sie sich nicht? Ich hatte Ihnen doch gesagt, dass ich Tierkadaver in Säure auflöse. Das geht eben leider nicht ganz ohne olfaktorische Reize vonstatten."
Er hörte sich wie ein Lehrer an, der einem begriffsstutzigen Schüler das Einmaleins beibrachte. Ich hatte zwar keine Ahnung, was „olfaktorisch" bedeutete. Doch es war mir auch egal.
„Sorgen Sie bitte einfach dafür, dass der Gestank verschwindet. Ansonsten muss ich die Hausleitung darüber informieren." Ich machte eine bedeutungsvolle Pause und zeigte mit dem Finger auf Jeffreys Wohnung. „Und dann kommen die zu Ihnen und kümmern sich persönlich um die Ursache."
Jeffrey maß mich von oben bis unten. Ich hatte keine Ahnung, was in seinem Kopf vor sich ging. Normalerweise besaß ich eine sehr gute Menschenkenntnis und konnte ungefähr einschätzen, was andere gerade dachten. Bei Herrn Dahmer war das anders.
„In Ordnung. Ich werde die Kadaver wegbringen. Der Geruch wird sich schon bald legen."
Ich nickte. „Das ist schön. Ich bin froh, dass Sie vernünftig sind und man mit Ihnen reden kann."
Als ich wieder in meine Wohnung ging, war ich hoffnungsvoll. Leider verpuffte diese Hoffnung mit jedem weiteren Tag, den dieser erbärmliche Gestank anhielt. Nach ungefähr zwei Wochen war bei mir wieder eine Grenze erreicht, die mein innerliches Fass zum Überlaufen brachte. Ähnlich wie der Behälter von Jeffrey Dahmer wurde mein Gefäß mit ätzender Säure gefüllt. Nur legte diese keine Knochen von Hunden oder Vögeln frei, sondern eine unbändige Wut auf den Mann, der mich offenbar belogen und für dumm verkauft hatte.
Erneut passte ich den Herrn mit den blonden Haaren und der Brille im Hausflur ab und sagte: „Es riecht immer noch so schrecklich. Sagten Sie nicht, Sie würden die Kadaver beseitigen?"
„Das habe ich", meinte mein Gesprächspartner mit tonloser Stimme. „Wahrscheinlich bilden Sie sich den Geruch ein, weil Sie an ihn gewöhnt sind. Wenn Sie mich jetzt bitte entschuldigen würden. Ich muss zur Arbeit."
Und mit diesen Worten ging er Richtung Haustür. Ich war schockiert. War dieser Dahmer-Typ wirklich so frech, mir eine offensichtliche Lüge aufzutischen und dann einfach abzuhauen? Ich wollte ihm gerade die

wüstesten Beschimpfungen an den Kopf knallen, da blieb er plötzlich stehen und drehte sich zu mir um.
„Mir ist gerade etwas eingefallen", sagte er. „Meine Großmutter schickte mir neulich Schweinesteaks. Mehrere Kilogramm. Wissen Sie, ich esse sehr gern Schweinesteaks. Leider ist mein Kühlschrank kaputt gegangen und das ganze Fleisch ist verdorben." Er leckte sich mit der Zunge über die Lippen und nickte ganz leicht mit dem Kopf. „Das muss es sein, was Sie riechen. Verdorbenes Schweinefleisch. Ich werde mich natürlich darum kümmern und es wegwerfen. Tut mir leid, dass ich Sie damit belästigt habe."
Die Erklärung schien plausibel. Dennoch sagte die West-Avenue-Lady in mir, dass hier etwas nicht stimmte. Es waren die Details, die mich stutzig machten. Warum war der Geruch des angeblichen Schweinefleischs der gleiche wie der von aufgelösten Tierkadavern? Warum hat Jeffrey nicht gleich von dem Geschenk seiner Familie gesprochen und zunächst behauptet, es wäre nichts? Warum dieser seltsame Blick, wenn er mich ansieht?
Hinzu kamen die Geräusche, die ich ab und zu aus seiner Wohnung hörte. Seltsame Geräusche. Beunruhigende Geräusche. Sie klagen wie von einer Säge.

In den folgenden Wochen sah ich, wie Jeffrey Sandwiches in der Nachbarschaft verteilte. Er hatte sie selbst zubereitet und da in unserem Viertel hauptsächlich arme Menschen lebten, die über jede Gratis-Mahlzeit dankbar waren, nahmen Sie die belegten Schnitten mit Freude an.
Ich jedoch nicht. Ich wusste zwar zum damaligen Zeitpunkt noch nicht, dass sie aus Menschenfleisch bestanden und dass der „Milwaukee Kannibale" auch selbst kein Kostverächter dieser kulinarischen Kreationen war. Doch ich wusste, dass ich sie um kein Geld der Welt essen wollte.

Den 27. Mai 1991 werde ich nie vergessen. Ich hatte Besuch von meinen Freundinnen und wir tranken Wein aus Tetra Paks. Wir hatten viel Spaß und plauderten in ausgelassener Stimmung über all die Dinge, die uns durch den Kopf schwirrten. Kurz zuvor wurde Nelson Mandela freigelassen und als Afroamerikanerinnen erschien uns dieses Ereignis besonders bedeutsam. Wir diskutierten darüber, wie es das Leben der Schwarzen in Südafrika beeinflussen würde und kamen zu dem Schluss, dass sich wahrscheinlich alles zum Besseren entwickeln würde und wir gerade in aufregenden Zeiten lebten.

„Habt ihr von diesem Tim Berners-Lee gehört?“, fragte eine meiner Freundinnen und wechselte damit das Thema.
Mir war der Name völlig fremd. Also sagte ich: „Wer soll das sein?“
„Der hat mit Computern zu tun“, meinte meine Freundin und nahm einen Schluck aus ihrem Tetra Pak. „Neulich hat er etwas entwickelt, das nennt sich ...“ Sie überlegte. Anscheinend fiel ihr der Name nicht sofort ein. Wir anderen warteten geduldig und als sich die Miene meiner Freundin erhellte, rief sie: „Jetzt hab‘ ichs. World Wide Web. Er hat ein Programm geschrieben, das heißt World Wide Web.“
„Und was zum Geier soll das sein?“, fragte ich und musste über den ulkigen Namen dieses Programms lachen.
Auch meine Freundin stieß in das Lachen ein und sagte: „Ich habe keine Ahnung. Mein Sohn meint, dass es die Welt verändern wird.“ Sie rollte mit den Augen und nahm noch einen großen Schluck Wein. „Wenn ihr mich fragt, ist das Mumpitz. In spätestens einem Jahr ist es eher das World Wide Weg.“

Scanne diesen QR Code und erfahre mehr über das Leben von Tim Bernes-Lee!

Wir alle brüllten vor Lachen. Keine von uns hatte eine Ahnung, welche Bedeutung www in Zukunft haben würde. Und genauso wenig hatten wir eine Ahnung, was in dem Apartment gegenüber vorging, als wir plötzlich ein Geräusch hörten.

„Habt ihr das auch gehört?“, fragte eine meiner Freundinnen.
Wir alle nickten und ich wusste, dass die Ursache kein geringerer als Jeffrey Dahmer sein konnte. Mit einem Mal war ich absolut nüchtern. Der Wein in meinem Körper verlor sofort seine Wirkung und meine Sinne arbeiteten auf Hochtouren. Ich ging zur Tür und sah durch den Spion.
„Kannst du etwas erkennen? Was ist da draußen los?“, rief meine Freundin, die vor einer halben Minuten noch über ihren World Wide Weg - Witz gelacht hatte.

„Ich sehe nichts. Aber im Hausflur brennt Licht."
Ich öffnete die Tür und trat hinaus. Meine Freundinnen folgten mir. Wir verließen das Gebäude und sahen auf den Bordstein einen Mann sitzen. Er war vollkommen nackt, wirkte orientierungslos und war extrem jung.
„Der sieht ja noch aus wie ein Kind", meinte eine meiner Freundinnen.
„O Gott, da ist ja überall Blut zwischen seinen Beinen. Es sieht aus als käme es aus seinem ..." Ich traute mich nicht, den Satz zu beenden.
Eine andere Freundin sagte: „Er ist offenbar am Hintern und am ..." Sie schluckte. „... und vielleicht auch am Hoden verletzt." Nachdem sie die Worte ausgesprochen hatte, biss sie sich auf die Zunge.

„Können wir Ihnen helfen?", fragte ich den jungen Mann.
„Wir müssen die Polizei rufen", sagte eine meiner Freundinnen und lief zurück in meine Wohnung.
Wir anderen kümmerten uns um den Verletzten. Ich zog meine Strickjacke aus und legte sie ihm so über die Beine, dass seine Blöße bedeckt wurden.
Er reagierte nicht auf unsere Fragen und wirkte verstört. Ich schätzte ihn auf ungefähr 15 Jahre.
Nach wenigen Minuten kam meine Freundin zurück. „Die Polizei ist unterwegs. In einer Viertelstunde sind sie da." Sie hatte eine Decke mitgebracht und legte sie um den nackten Jungen.
Plötzlich sah ich von weitem einen Mann zu uns kommen. Den Mann, den ich jetzt am allerwenigstens sehen wollte. Jeffrey Dahmer kam auf uns zu.
„Er gehört zu mir. Keine Panik, es ist alles in Ordnung.", sagte er.
„Keine Panik?" Meine Stimme überschlug sich. „Sehen Sie denn nicht, dass der Junge verletzt ist? Was haben Sie mit ihm gemacht?"
„Nichts. Lassen Sie uns allein und gehen Sie wieder in Ihre Wohnung. Ich kümmere mich um ihn.", und griff nach dem Arm des Jungen um ihm aufzuhelfen.
Das war ja wohl die Höhe. „Ich gehe nirgendwo hin. Erst warten wir, bis die Polizei hier ist."
Die Miene von Dahmer verfinsterte sich. „Sie haben die Polizei gerufen?"
„Aber natürlich haben wir das! Und die wird jeden Augenblick hier sein."
Ich konnte sehen, wie Dahmers Hirn auf Volllast arbeitete. Er sagte nichts und überlegte. Währenddessen schaute er abwechselnd uns und den jungen Mann an.
„Ich will nicht wieder zu ihm. Bitte lassen Sie mich mit ihm nicht allein",

stammelte der Nackte und es waren die ersten verständlichen Worte, die er hervorbrachte.
„Keine Sorge, wir lassen Sie nicht allein", sagte ich. „Wir sind bei Ihnen."
Als die Beamten eintrafen, schien Jeffrey im Gegensatz zu dem jungen Mann sehr gefasst zu sein.
Die beiden Männer in Uniform fragten: „Was ist hier los?"
Noch bevor eine von uns Frauen etwas sagen konnte, meinte mein Nachbar: „Guten Abend. Ich bin Jeffrey Dahmer. Der Mann hier ist mein Liebhaber. Wir beide sind homosexuell."
Ich konnte sehen, wie die Beamten bei dem letzten Wort das Gesicht verzogen.
„Ihre Nachbarn haben uns gerufen, weil es hier angeblich ein Gewaltverbrechen gegeben hat. Können Sie uns etwas darüber sagen?"
„Von Gewalt kann keine Rede sein", meinte Jeffrey. „Mein Liebhaber hat zu viel getrunken. Wir hatten gerade Sex. Deswegen auch das Blut an seinem Hintern."
Erneut verzogen sich die Mienen der Polizisten und mir schwante, dass die ganze Sache ein ähnliches Ende nehmen würde, wie die zahlreichen Telefonate, die ich aufgrund meines Nachbarn schon geführt hatte.
„Wie alt ist Ihr Freund denn? Er sieht sehr jung aus."
Jeffrey sah zu dem nackten Mann. „Er ist 19. Ich weiß, dass er nicht so alt aussieht. Deswegen habe ich mich auch in ihn verliebt. Ich stehe auf Jüngere. Und er steht auf Ältere. Wir passen gut zusammen."
„Sparen Sie sich bitte die Details", meinte der Polizist, der von Anfang an das Reden übernommen hatte, während sein Kollege nur danebenstand und hin und wieder das Gesicht verzog.
„Aye, Sir", meinte Jeffrey.
Der Polizist drehte sich nun zu uns Frauen. „Am besten gehen Sie wieder zurück in Ihre Wohnung. Wir haben hier alles unter Kontrolle. Vielen Dank für Ihre Mithilfe." Dann wandte er sich an Jeffrey und den Jungen.
„Und Sie beide gehen auch wieder in Ihre Wohnung. Klären Sie Ihre Angelegenheiten unter sich."
„Aber ich will nicht zurück in seine Wohnung. Bitte nehmen Sie mich mit. Bitte!", rief der angeblich 19-Jährige.
Der Polizist wurde wütend. „Schlafen Sie erstmal Ihren Rausch aus. Das nächste Mal trinken Sie einen weniger und dann müssen diese netten Ladys auch nicht die Polizei von wichtigen Dingen abhalten. Sie können froh sein, wenn wir Ihnen den Einsatz nicht in Rechnung stellen."
Ich kann es nicht fassen und helfe dem Jungen kopfschüttelnd auf. Als

ich ihm die Hand reiche, drückt er mir einen vom Schweiß nassen und zerknüllten Zettel in die Hand.
Jeffrey Dahmer und der nackte Junge wurden ins Apartment 213 gebracht. Die Polizisten machten sich danach schneller aus dem Staub als der Road Runner, wenn er von Wile E. Coyote verfolgt wurde und meine Freundinnen und ich gingen ebenfalls in meine Wohnung zurück. Als wir die Tür schließen, sehe ich mir als erstes die Notiz an.

Auf dem Zettel sehe ich Folgendes:

RÄTSEL 8

JKNHG, KEJ DKP PKEJV HTGKYKNNKI DGK FKGUGO OCPP!

Lösung: ______________________________
____
____

Weder meine Freundinnen noch ich verstehen, was er uns mit diesem Buchstaben Wirrwarr sagen wollte. Vielleicht war er wirklich betrunken und nicht mehr ganz bei Sinnen.

Heute kann ich immer noch nicht fassen, dass weder Jeffreys Personalien untersucht noch seine Wohnung in Augenschein genommen wurde. Sie haben den armen Jungen gegen seinen Willen einfach zu ihm in die Wohnung gebracht.
Hätten die Beamten wenigstens in ihrem Computersystem nachgesehen, dann hätten sie die Vorstrafen Dahmers gefunden. Unter anderem die über sexuelle Nötigung eines Minderjährigen. Oder über die unehrenhafte Entlassung aus der Armee aufgrund des Missbrauchs eines Stubenkameraden. Doch die Vorstellung, sich mit einem schwulen Pärchen und dessen Beziehungsstreitigkeiten während des Beischlafs abzugeben, hatte gereicht, um aus einem Kriminalfall ein Garnichts zu machen.

Später habe ich den jungen Mann auf Suchplakaten gesehen. Seine Familie und Freunde müssen sie aufgehangen haben. Ich habe ihn sofort erkannt und konnte mir nur zu genau vorstellen, was mit ihm passiert war. In der Nacht, als ich eines der Plakate zum ersten Mal an einer Straßenlaterne bemerkte, träumte ich von blauen Fässern und Sandwiches. Natürlich habe ich bei der Polizei angerufen und „sachdienliche Hinweise" geliefert, die zur „Auffindung des Vermissten" hätten beitragen können. Ernst genommen wurde ich jedoch nicht. Weder erhielt ich eine Zeugenvorladung noch wurden weitere Ermittlungen gegen meinen Nachbarn eingeleitet. Bis zum 22.07.1991 blieb für die Polizei unklar, was mit dem 14-Jährigen (so war sein tatsächliches Alter, wie sich im Nachhinein herausstellte) geschehen war.

Und auch diesen 22.07.1991 werde ich niemals vergessen. An diesem Tag...

Kapitel 6

Aus den Klauen des Bösen

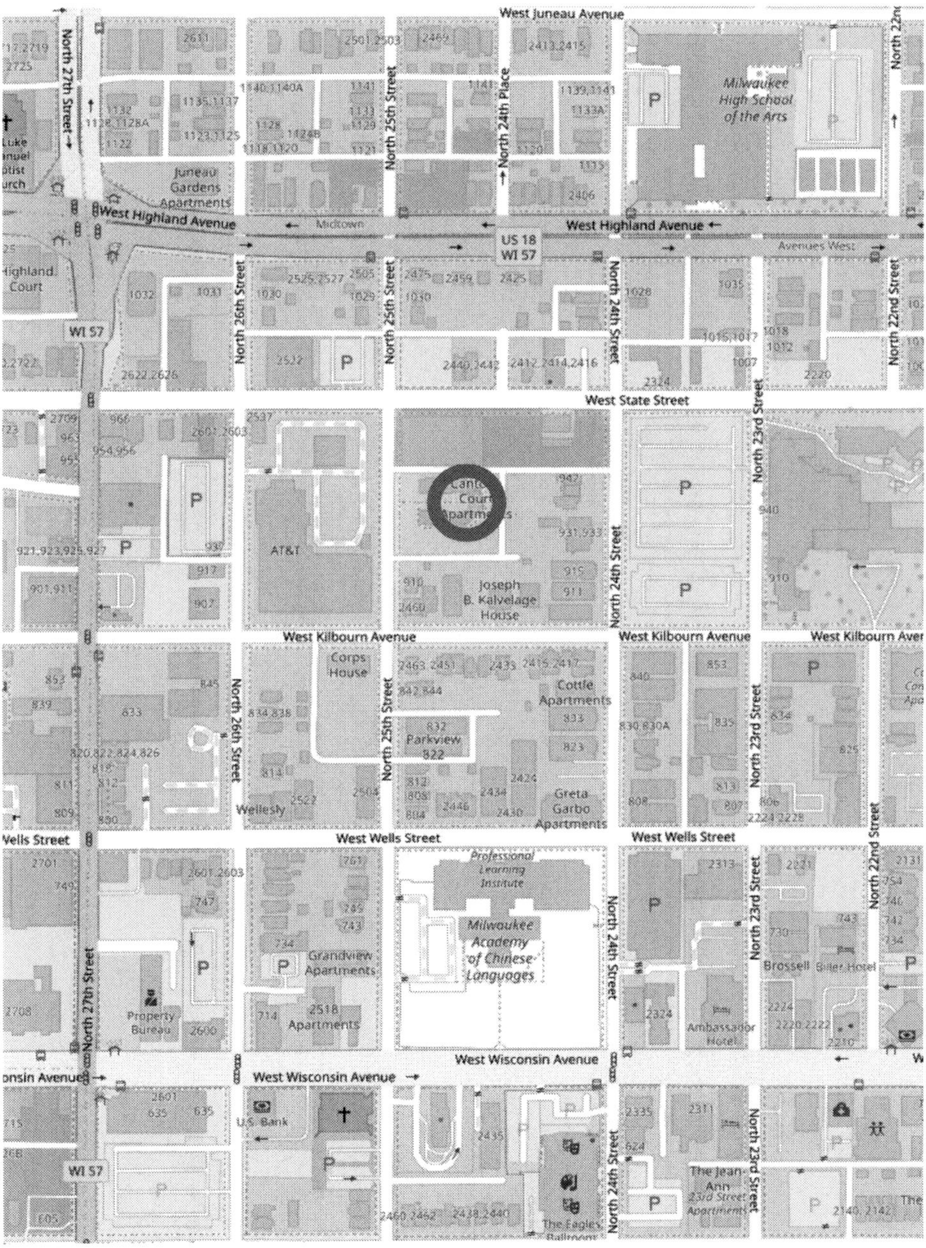

Mein Name ist Trant Ellis und ich möchte Ihnen erzählen, was ich am Montag, dem 22.07.1991 erlebt habe. Es fällt mir schwer, darüber zu reden und noch heute beschäftigen mich die Ereignisse so sehr, dass es mir unmöglich ist, ein normales Leben zu führen. Die Ärzte nennen es posttraumatische Belastungsstörung. Kurz: PBS.
Vielleicht haben Sie diesen Begriff schon mal in Bezug auf Soldaten gehört, die aus dem Krieg heimkehren und bei einer zugeknallten Autotür oder anderen plötzlichen Geräuschen in Panik geraten. Alles, was sich wie ein Schuss anhört, versetzt sie unwillkürlich in Alarmbereitschaft und egal wie sehr die Veteranen an sich arbeiten und wie viele Therapien sie machen: Es kommt jedes Mal aufs Neue zu dieser Fluchtreaktion.
Beim Thema Soldaten würde ich auch gern bleiben. Denn gewissermaßen war es das Militär, welches mich in die Situation brachte, von der ich Ihnen berichten möchte. Ich war 32 Jahre alt und trank ein Bier in einer Bar in Milwaukee. Ich war erst neu in der Stadt. Vorher lebte ich in Tupelo im Bundesstaat Mississippi. Doch gewisse Umstände, die ich Ihnen aus Scham nicht näher erläutern möchte, veranlassten mich dazu, meinen Wohnort zu wechseln.
Ich gewann schnell Freunde und genoss mit ihnen das Nachtleben. Am 22.07. war ich mit zwei Kumpels in einer Bar und wir tranken kühles Miller Lite. Wie man mir versicherte, das beste Bier der Stadt. Ein mildes Lager, welches nicht zu herb, aber auch nicht zu wässrig schmeckte. Genau das Richtige, wenn man möglichst viel davon in kurzer Zeit hinterkippen wollte. Der Preis war auch in Ordnung und harmonierte mit meinem knappen Geldbeutel. Dennoch war ich froh, als ein blonder Mann mit Brille, der ungefähr in meinem Alter zu sein schien, uns eine Runde dieser bernsteinfarbenen Köstlichkeit spendieren wollte.
„Mein Name ist Jeffrey. Und wie heißt ihr?“, stellte er sich vor.
„Ich bin Trant,“ antwortete ich und prostete ihm zu. „Das hier sind meine Freunde Will und Andrew. Danke für das Bier.“
„Keine Ursache“, meinte Jeffrey und wir vier begannen ein Gespräch. Zuerst redeten wir über den Club und die Musik, später über persönlichere Dinge. Es stellte sich heraus, dass dieser großzügige Mann in der Armee gedient hatte. Ein Thema, bei welchem ich große Ohren bekam, weil auch mein Vater Soldat gewesen war.
Jeffrey war damals in Deutschland und hatte eine Ausbildung zum Sanitäter absolviert. Für meine Kumpels war es vielleicht langweilig, doch ich genoss das Gespräch. Wie gesagt: Das Militär war schuld, dass der Abend so verlief, wie er eben verlaufen ist. Denn durch unsere Gemein-

samkeit baute ich schnell eine Sympathie zu Jeffrey auf.

„Was treibt dich eigentlich nach Milwaukee?", fragte ich ihn, um schließlich das Thema zu wechseln.

„Ich kümmere mich um meine Großmutter. Sie ist krank und kommt alleine nicht mehr klar. Also bin ich von Chicago hierher. So kann ich jeden Tag bei ihr sein und sie unterstützen. Die alte Lady war immer nett zu mir. Es ist das Mindeste, was ich für sie tun kann."

Das fand ich lieb. Ich wusste nicht, ob ich das gleiche für meine Großmutter getan hätte und war beeindruckt von Jeffreys Altruismus. Er schien ein guter Kerl zu sein und mit jeder Minute unseres Gesprächs wuchs in mir die Gewissheit, dass ich im Begriff war, einen neuen Freund zu finden, dem ich vertrauen konnte.

„Und warum bist du hier?", fragte er mich.

„Darüber möchte ich nicht sprechen. Ist eine peinliche Angelegenheit, weißt du?"

Ich verschwieg ihm, dass ich in Tupelo wegen des Missbrauchs an einer 14-Jährigen angeklagt war und deshalb abgehauen bin. Wahrscheinlich suchten die dort unten im Süden immer noch nach mir.

Jeffrey hielt die Hände in abwehrender Haltung nach oben. „Kein Problem. Wir können gern das Thema wechseln." Er nahm die Hände wieder runter und ergriff sein Bier. Nachdem er einen großen Schluck getrunken hatte, leckte er sich den Schaum von den Lippen und sagte: „Ich habe dir noch nicht erzählt, dass ich Fotograf bin. Ich würde dich sehr gern einmal fotografieren. Was würdest du davon halten, dir 100 Dollar zu verdienen und mein Modell zu sein?"

„Wie meinst du das?"

„Ich mache Nacktfotos", sagte er. „Du posierst für mich ohne Klamotten und ich schieße ein paar stylische Bilder. Am Ende bekommst du von mir einen Schein mit dem wunderbaren Gesicht eines Benjamin Franklin. Wie klingt das für dich?"

So eine Frage wurde mir noch nie gestellt. Im ersten Moment war ich sehr überrumpelt und wusste ich nicht, was ich dazu sagen sollte. Ich war natürlich neugierig und auch ein bisschen geschmeichelt, dass ich zum Modell werden sollte. Das Geld konnte ich ebenfalls gut gebrauchen.

„Was ist, wenn die Fotos nicht gut werden? Ich meine: Was, wenn ich vor der Kamera nicht professionell genug wirke? Ich habe sowas noch nie gemacht", gab ich zu bedenken.

Jeffrey machte eine wegwerfende Handbewegung. Das lass mal meine

Sorge sein. Ich weiß, wie man einen Körper in Szene setzt."
Als Jeffrey einen Moment auf die Toilette ging, diskutierten meine Freunde und ich darüber. Einerseits war es ein verlockendes Angebot. Wo sonst konnte man ohne schwere Arbeit mal eben auf die Schnelle 100 Dollar verdienen? Andererseits war es auch ein bisschen seltsam, dass mich ein Kerl in einer Bar, den ich heute erst kennengelernt hatte, um Nacktfotos bat.

Was für Jeffrey sprach war die Tatsache, dass er nicht wie ein Perverser wirkte. In einem Schwulenclub hätte ich ein solches Angebot definitiv nicht angenommen. Außerdem hatte er mit seinen Erzählungen über die Armee bei mir Pluspunkte gesammelt. Nach einigem Für und Wider beschlossen meine Kumpels und ich, dass es eine gute Idee war und dass wir am besten alle zusammen zu diesem Jeffrey gingen.

„Einverstanden", sagte ich.

Bevor wir zu seiner Wohnung aufbrachen, gingen wir in einen Schnapsladen, damit wir während des Shootings nicht auf dem Trockenen sitzen würden. Jeffrey schlug vor, dass er und ich schon mal weiterfuhren und meine beiden Kumpels nachkommen sollten. Er gab ihnen seine Adresse und dann stieg ich mit Jeffrey ins Taxi.

Taxi aus den 90ern in Milwaukee

Es fuhr uns in eine ziemlich heruntergekommene Gegend. Ich kannte mich in Milwaukee zwar noch nicht besonders gut aus, doch über die West Avenues wurde mir gesagt, dass ich sie lieber meiden sollte.
„Hier wohnst du also?“, fragte ich.
„Don‘t judge a book by its cover“, meinte er.
Wir stiegen aus und gingen in den Gebäudekomplex 924 N. 25th St in den zweiten Stock. Das Innere sah aus wie ein Studentenwohnheim. Links und rechts des Hauptflures befanden sich die Apartments, die der Reihe nach durchnummeriert waren. Die Türen waren einfach konstruiert und erweckten den Eindruck von Hellhörigkeit. Das Gleiche traf auch auf die Wände zu. Im ganzen Haus roch es seltsam. Wir gingen über die Treppe in die zweite Etage und ich fühlte mich etwas unwohl.

Jeffrey hielt bei Tür 213 und holte den Schlüssel aus seiner Tasche. In der Zeit fielen mir die zusätzlichen Schlösser und Kameras an seiner Tür auf.
„Wieso hast du die denn verbaut?“, fragte ich ihn und zeigte darauf.
„Was? Ach, du meinst die Kameras. Weißt du, diese Wohngegend ist nicht die Beste und ich möchte meinen Kram schützen. Hier brechen oft Junkies ein und klauen Videorekorder und sowas. Deshalb habe ich als Abschreckung diese Kameras eingebaut.“ Er schloss auf und ging als erster in die Wohnung hinein. Ich folgte ihm und als ich den Raum betrat, wurde mir klar, dass der Gestank von hier kommen musste.
„Wow, was stinkt denn hier so, Jeff?“ In der Bar hatte er mir angeboten, die Kurzform seines Namens zu benutzen.
„Das liegt an einem Kanalrohr. Es ist defekt und dadurch dringen die Abwassergerüche direkt in meine Wohnung. Die Verwaltungsgesellschaft ist schon informiert und wird sich darum kümmern. Doch bis es so weit ist, muss ich leider damit leben.“
Die Erklärung war schlüssig. Zumindest erschien sie mir in dem Moment logisch und nachvollziehbar. Ich glaubte Jeffrey und fragte nicht weiter nach.
Die Stube schien eine Art Wohnküche zu sein. Jeffrey nahm zwei Flaschen aus dem Kühlschrank und gab mir eine davon. Ich nahm sie dankbar an und schaute mich ein wenig um. Alles war sehr aufgeräumt. Es gab eine bequem aussehende Couch, neben der sich ein Tisch befand. Ein paar Boxen waren im Raum verteilt und offenbar schien Jeffrey Fische zu mögen.

Jeffrey Dahmers Wohnzimmer

Ich ging zu Jeffs Aquarium und blickte ins Wasser.
„Das sind afrikanische Buntbarsche und Tigerbarben“, sagte er.
Mir gefiel, wie sauber das Becken war und außerdem war ich von den lebenden Pflanzen beeindruckt. Nachdem ich es mir eine Weile angesehen hatte, blickte ich mich weiter um. An den Fenstern hingen blaue Gardinen und an der Wand hing ein Bild, welches meine Aufmerksamkeit erregte.
„Von wem ist das?“, fragte ich.
„Herb Ritts“, sagte Jeffrey. „Es ist seine Fotografie ‚Hunk with tire‘. Auch wenn das Motiv eigentlich sehr konventionell anmutet, schafft es Ritts, ihm eine gewisse Dramatik zu verleihen. Das zeichnet übrigens all seine Werke aus. Für mich ist er ein großes Vorbild und einer der größten Künstler der 80er.“
„Sieht schön aus“, meinte ich.

Scanne diesen QR Code und erfahre mehr über die Fotoserie von Herb Ritts!

Wir setzten uns auf die Couch und unterhielten uns. Ich überlegte, dass meine Freunde jeden Moment da sein mussten. Sie waren sicher neugierig, wie das Shooting ablaufen würde. Was ich damals noch nicht wusste: Jeffrey hatte ihnen eine falsche Adresse gegeben. Selbst wenn sie den Schnapsladen bereits verlassen hatten, würden sie unmöglich zu uns kommen.
Ich war immer noch hin- und hergerissen, ob ich die Nacktfotos überhaupt machen sollte. In meinem Inneren herrschte Nervosität und der Geruch in Jeffreys Wohnung war nicht gerade förderlich für die Stimmung.

Mit einem Mal passierte jedoch etwas, was sie noch viel mehr runterziehen sollte. Etwas, was den restlichen Abend komplett verändern und in ein neues Licht tauchen sollte. Jeffrey zog ein Messer hervor und hielt es mir drohend entgegen. Von einem Moment auf den anderen empfand ich Angst.
„Was soll das?“, fragte ich.
„Gib keinen Laut von dir und bleib sitzen!“, befahl er und ging hinter mich. Ich saß noch immer auf der Couch, während er etwas zu holen schien. Es klapperte und als er wieder neben mir war, hatte er Handschellen in der Hand. Das Metall fühlte sich extrem kalt an. Es hatte die gleiche Temperatur wie das Miller Lite, das uns in der Bar serviert wurde. Nachdem er mich damit gefesselt hatte, sagte er in einem ruhigen und sehr bestimmten Tonfall: „Geh ins Schlafzimmer.“
Natürlich machte ich, was er sagte und ging ins Schlafzimmer. Ich sollte mich aufs Bett setzen. Auf der Kommode entdeckte ich einen seltsamen Behälter, von dem ein stärkerer Geruch ausging als im Rest der Wohnung.
„Ich glaube, ich werde dir doch lieber die Hände auf dem Rücken fesseln“, sagte er und Panik stieg in mir auf.
„Nein!“, rief ich, weil ich dabei ein ganz schlechtes Gefühl hatte. Es würde womöglich mein Todesurteil bedeuten. „Ich tue alles, was du willst. Du hast mir doch schon Handschellen angelegt. Aus denen komme ich sowieso nicht raus. Wenn du möchtest, können wir jetzt sofort die Fotos machen. Die wolltest du doch, oder? Ich bin bereit! Komm, lass uns die Fotos machen.“
Jeffrey sah mich an und schüttelte den Kopf. „Zuerst schauen wir uns einen Film an.“
„Und welchen?“

„Der Exorzist. Ich liebe den Streifen. William Friedkin weiß ganz genau, wie man beim Zuschauer Angst auslöst.“
Angst war genau das richtige Wort, welches meinen Zustand beschrieb. Dafür brauchte ich jedoch keinen Horrorfilm. Ich befand mich bereits in einem.
Jeffrey ging zum Fernseher und legte die Videokassette ein. Anschließend drückte er auf play.
„Der Film ist etwas ganz Besonderes“, stellte er fest und setzte sich neben mich aufs Bett. Er trank sein Bier aus und stand auf, wahrscheinlich um sich ein neues zu holen. Er wirkte unruhig und ein bisschen durch den Wind. Das machte ihn in meinen Augen noch gefährlicher als er ohnehin schon war. Diese ganze Situation war unfassbar, ich saß mit gefesselten Händen bei diesem Typen auf dem Bett und sah mir einen Film an.

Scanne diesen QR Code und erfahre mehr zu Jeffrey Dahmers Lieblingsfilm!

Was wollte dieser Kerl von mir? Warum legte er mir Handschellen an und warum bedrohte er mich mit einem Messer? Wie konnte die Situation so schnell eskalieren? Ich spürte, wie sich die Handschellen um meine Handgelenke herum ein Stück ausdehnten, als sie allmählich die Zimmertemperatur annahmen. Der Mann, von dem ich bis vor einigen Minuten noch angenommen hatte, dass er nett war und nur Fotos gegen Geld von mir wollte, kam mit seinem frischen Bier zurück und sah aufgewühlt aus. Ich musste etwas sagen, um ihn zu beruhigen.
„Es ist alles okay“, sagte ich in einem möglichst ruhigen Tonfall. „Ich schaue gern den Film mit dir. Und wenn du Fotos machen willst, dann mache ich Fotos mit dir. Wir tun alles, was du möchtest.“
Der Blonde mit Brille wirkte innerlich völlig zerrissen. „Ich möchte meinen Kopf auf deine Brust legen. Ich will deinen Herzschlag hören“, sagte er. „Zieh dein T-Shirt aus.“
Ich nickte und Jeffrey zerschnitt mein Oberteil, damit er mir die Handschellen nicht aufmachen musste. Er warf die Stofffetzen achtlos auf

den Boden und wie ein Liebender setzte er sein rechtes Ohr auf meinen Oberkörper und lauschte dem rhythmischen Pochen. Nach einiger Zeit murmelte er: „Das werde ich gleich essen“, und meine Angst wuchs bis ins Unermessliche. Ich fing an zu zittern.

Im Fernseher kam die Szene, in der Karl Fallen aufstellt, um die vermeintlichen Ratten einzufangen. Der Protagonist wusste zu dem Zeitpunkt im Film noch nicht, was in Wirklichkeit gespielt wurde und welcher Bedrohung er ausgesetzt war. Das Schicksal sollte für ihn noch ein paar Überraschungen bereithalten. Ebenso für mich.

Mit jeder Sekunde, die Jeffrey meinen Herzschlag lauschte, beruhigte er sich ein Stück weit. Ich hörte es an seiner Atmung, die zuerst schnell und ruckartig war und dann langsam und tief wurde. Ebenso wie er beruhigte auch ich mich und dachte, ich hätte die Situation nun einigermaßen unter Kontrolle. Von jetzt auf gleich wurde Jeffrey jedoch wieder aggressiv und schaute mit wilden Augen um sich.

In kurzen Wechseln konzentrierte er sich auf den Film und kommentierte die Handlung und im nächsten Moment wirkte er unruhig und wandte den Blick ab. Er machte auf mich den Eindruck, als ob zwei Seelen in seinem Inneren kämpften, die beide die Vorherrschaft erlangen wollten. Keiner von ihnen schien es endgültig zu gelingen.

„Darf ich mal auf die Toilette?“, fragte ich und hoffte, dass das die Lage ein wenig entschärfen würde. Ich wollte mich der aggressiven Stimmung entziehen und einen kurzen Moment alleine sein.

Erst nachdem ich ihn noch einige Male gefragt hatte, sagte Jeffrey: „Ja, aber ich komme mit.“ Wir gingen ins Nachbarzimmer und ich entleerte unter den Augen des Verrückten meine Blase.

Ich kann nicht genau sagen, wie viele Minuten vergangen waren, doch als wir wieder ins Schlafzimmer kamen, lief auf der Mattscheibe gerade die Szene, in der Regan im Nachthemd vor Chris‘ Gästen auf dem Teppich uriniert und seine düstere Prophezeiung ausspricht.

Wir schauten weiter den Film und nun hatte ich den Eindruck, dass sich Jeffrey doch noch beruhigte. Er fokussierte sich auf den Exorzisten und war vollständig in die Handlung vertieft. Das Messer hatte er nach wie vor in der Hand. Mein Fluchtinstinkt entwickelte fieberhaft einen Befreiungsplan. Ich wusste, wenn ich die Nacht hier in diesem Apartment verbringen würde, dann würde ich sie nicht überleben. Schließlich hatte der Wahnsinnige bereits gesagt, dass er mein Herz essen würde. Ich

wollte lieber nicht herausfinden, ob das nur ein dummer Spruch oder die Wahrheit gewesen war.
„Darf ich nochmal auf die Toilette?“, fragte ich.
Jeffrey schien wie in Trance zu sein, als wäre er gar nicht richtig anwesend. Er gab ein unverständliches „Ja“ von sich und ließ mich dieses Mal alleine gehen. Während ich das Schlafzimmer verließ, blieb er auf dem Bett. Jetzt war meine Chance gekommen. Entweder ich würde es schaffen zu fliehen, oder ich würde gleich bei dem Versuch sterben.

So schnell ich konnte, rannte ich zum Ausgang und machte mich daran, die Tür zu öffnen. Mit dem Ellenbogen drückte ich die Klinke runter und zog die Tür mit dem Fuß zu mir. Danach ein kleiner Tritt und sie stand sperrangelweit offen.
Leider blieben meine Bemühungen nicht unbemerkt. Jeffrey setzte mir hinterher und bekam mich zu fassen. Durch die Handschellen waren meine Bewegungen zwar stark eingeschränkt, sodass ich im Nachteil war. Doch im Gegensatz zu Jeffrey war ich trainiert und muskulös. Es gelang mir, mich von ihm loszureißen und ihn wegzuschubsen. Er geriet ins Taumeln und ließ von mir ab.
Wie ein Sprinter bei den Olympischen Spielen rannte ich die Treppen nach unten und durch den Gang. An der Haustür vollführte ich das gleiche Spiel wie in der Wohnung: Klinke runterdrücken, Tür mit dem Fuß vorziehen. Ich hoffte, dass mir genug Zeit blieb, bevor Jeffrey sich wieder sammeln und mich einholen würde. Im Augenwinkel sah ich, wie er mir nachgerannt kam. Nun war jeder Sekundenbruchteil entscheidend.
Kurz bevor er mich erreichte, schaffte ich es, das Haus zu verlassen. Nun spielte das Handicap der Handschellen keine Rolle mehr. Ab jetzt war nur noch die Kraft meiner Beine für meine Flucht entscheidend. Und in der Hinsicht war ich eindeutig überlegen, sodass ich schnell einen Vorsprung aufbaute.
Aus voller Kehle rief ich: „Hilfe! Bitte hilf mir jemand.“ Die Gegend war zwar mies, aber ich musste auf mich aufmerksam machen. Falls Jeffrey doch noch zu mir aufschließen sollte, durfte ich nicht alleine sein. Ich brauchte Zeugen.
Von der 924 N 25th Street nahm ich die Abbiegung zur State Street und dann weiter in Richtung Milwaukee High School of Arts. Als ich an der Juneau Avenue ankam, entdeckte ich einen Polizeiwagen. Ich rannte direkt auf ihn zu und rief: „Officers, bitte helfen Sie mir. Ich werde von einem Mann verfolgt, der mich umbringen will.“

Ich musste auf die Beamten wie ein Verrückter gewirkt haben. Sie stiegen aus dem Auto aus und gingen sofort in Habachtstellung.
„Bleiben Sie stehen!“, rief einer der beiden und ich gehorchte.
Ich sah, wie die Hände der Polizisten zu ihren Waffen wanderten und sie jede Bewegung von mir genau verfolgten.
„Auf den Boden mit Ihnen“, brüllte mir der zweite Officer entgegen.
„Bitte helfen Sie mir. Ein Mann ist mir auf den Fersen. Er will mich umbringen. Er hat mich in seiner Wohnung mit einem Messer bedroht und mir Handschellen angelegt.“ Meine Stimme klang weinerlich und brüchig.
Einer der Polizisten runzelte die Stirn. Auf seiner Uniform erkannte ich den Namen Rolf Mueller. „Wieso tragen Sie Handschellen?“
„Das habe ich doch gerade gesagt. Die hat mir dieser Mann umgemacht. Können Sie sie öffnen?“
Der andere Polizist - seiner Uniform nach hieß er Robert Rauth - kam auf mich zu, während Rolf auf der Stelle blieb und uns beobachtete.
Robert sah sich die Handschellen an und meinte: „Dazu brauchen wir einen Schlüssel. Haben Sie den?“
„Nein. Der muss in der Wohnung des Verrückten sein. Aber ich bin mir auch ziemlich sicher, wo er ihn aufbewahrt.“
Rolf und Robert warfen sich einen Blick zu. „Gut, dann fahren wir Sie zu ihm.“
In mir stieg Panik auf. „Ich will nicht zurück. Alles, nur das nicht. Bitte schaffen Sie mich nicht zu diesem Monster.“
Robert tippte mir auf die Schulter. „Ganz ruhig, Junge. Wir klären die Sache schon. Wo wohnt denn Ihr Bekannter?“
Das Wort „Bekannter“ wurde nicht im mindesten dem gerecht, was ich über Jeffrey Dahmer dachte. Doch ich musste kooperieren, wenn ich die Polizisten nicht verärgern wollte. „924 N 25th Street“, sagte ich und bemerkte, wie die Beamten die Nasen rümpften.
„Alles klar. Dann fahren wir jetzt dahin“, meinte Rolf.
Wir stiegen ins Auto ein. Die Uniformierten saßen vorn, während ich im Heck des Wagens Platz nahm. Die Fahrt dauerte keine zwei Minuten. Es war schließlich mitten in der Nacht, sodass kaum Verkehr herrschte. Als wir ankamen, halfen mir die Beamten aus dem Auto und wir gingen zusammen zum Apartmentkomplex.

Vor der Tür des Apartments, das dem von Jeffrey gegenüber lag, stand eine schwarze Frau. Sie sah besorgt aus und machte großen Augen, als

sie uns bemerkte. Noch während wir zur 213 gingen, öffnete sich seine Tür und er trat hinaus.
„Das ist er!“, rief ich und eine Mischung aus Wut und Angst ergriff von mir Besitz.
Robert und Rolf blieben direkt vor Jeffrey stehen. „Ist das Ihre Wohnung? Wie heißen Sie? Können Sie das erklären?“, fragte Rolf und deutete auf die Handschellen um meine Gelenke.
Dahmer folgte seiner Handbewegung mit den Augen und schien völlig unbeeindruckt. „Mein Name ist Jeffrey Dahmer. Und ja, das kann ich, Officer. Mein Freund und ich sind Homosexuelle. Die Handschellen gehören zu unserem Liebesspiel.“
Die Polizisten wirkten angewidert. Ich schrie: „Das ist eine Lüge! Er hat sie mir angelegt, um mich umzubringen!“
Robert drehte sich zu mir. „Halt die Klappe, Junge.“
Dahmer redete weiter: „Ich fürchte, mein Freund hat ein bisschen zu viel getrunken und die Kontrolle über sich verloren. Am besten lassen Sie ihn bei mir und ich kümmere mich um ihn.“
„Niemals! Ich werde keinen Schritt mehr in diese Wohnung setzen.“
Die Beamten stöhnten. Rolf sagte: „Mister Dahmer, würden Sie uns bitte in die Wohnung lassen, damit wir den Schlüssel für die Handschellen holen können?“
Jeffrey nickte und die beiden Uniformierten traten ein. Ich blieb währenddessen draußen. Keine zehn Pferde hätten es geschafft, mich in die stinkenden Zimmer zurückzubringen.
„Ihr Freund hat uns gesagt, wo er den Schlüssel vermutet. Hätten Sie etwas dagegen, wenn wir uns ein bisschen umsehen?“, sagte Robert und Jeffrey nickte abermals.

RÄTSEL 9

Wo befanden sich die Schlüssel für die Handschellen? Wie kam Trant auf ihren Aufenthaltsort?

Lösung: ______________________________
____
____

Die Nachbarin von gegenüber hörte die ganze Zeit aufmerksam zu und schaute abwechselnd mich, Jeffrey und die Polizisten an. Neugierig bewegte sie den Kopf, um besser in die Dahmer-Wohnung blicken zu können. Wie in Trance murmelte ich unentwegt: „Du ekelhaftes Monster. Du wolltest mich umbringen. Du Bastard. Du mieses Schwein."
Ich konnte es nicht kontrollieren. Die Worte kamen automatisch über meine Lippen. Nach ein paar Minuten, die mir wie eine Ewigkeit vorgekommen waren, hörte ich plötzlich ein seltsames Geräusch von einem der Polizisten. Ich konnte nicht sagen, ob es sich um Robert oder um Rolf gehandelt hatte.
„Sieh dir das mal an", sagte einer der beiden und ich war mir nun sicher, dass der Satz von Rolf kam. Er trat ins Wohnzimmer, sodass ich ihn nun sehen konnte. In seinen Händen waren rund ein Dutzend Polaroidbilder.
„Was hast du da?", fragte Robert, der ihm entgegenlief.
Als auch er einen Blick auf die Fotos geworfen hatte, sagte er: „Ach du heilige Scheiße. Sind die echt?"
Rolf nickte. „Die sind auf jeden Fall echt."
Robert zog blitzschnell seine Waffe aus dem Holster und richtete sie auf Jeff. „Mister Dahmer, nehmen Sie die Hände über den Kopf und bewegen Sie sich nicht. Sie sind hiermit verhaftet."
Ohne Widerstand tat Jeffrey, wie ihm geheißen wurde. Während Robert weiter mit der Pistole auf ihn zielte, legte Rolf ihm Handschellen an. Sowohl die Nachbarin als auch ich bewegten uns ein Stück in Richtung Wohnung, um einen Blick auf die Fotos zu erhaschen. Glücklicherweise konnte ich nicht viel erkennen, denn wie sich später herausstellte, waren es ausnahmslos Bilder der Opfer. Robert ging zurück ins Schlafzimmer und schien es weiter zu inspizieren. Kurz darauf hörte ich einen Schrei, der auch zu einer Frau hätte gehören können. Irgendetwas musste Robert zu Tode erschreckt haben.
„Das hier ist ein Kopf", schrie Robert fassungslos. „Ein verdammter Menschenkopf liegt hier."
Ekel und Zorn stiegen in mir auf. „Du mieses, mieses Schwein", wiederholte ich immer wieder und sah dabei zu Jeffrey, der in Handschellen auf dem Boden in der Stube hockte. „Dafür wirst du bezahlen. Du wirst nie wieder Leute wie mich entführen, du Bastard."
Robert forderte über sein Funkgerät Verstärkung an und Rolf fixierte Jeffrey, damit dieser nicht in Versuchung geraten konnte, abzuhauen.
„Verstanden, sind in zehn Minuten bei euch", tönte es aus dem Lautsprecher.

Endlichen befreiten sie mich von den Handschellen. Als schließlich die Verstärkung endlich eintraf, stellten die Beamten die gesamte Wohnung von Jeffrey auf den Kopf. Was sie fanden, war verstörend. Immer wieder trugen sie weitere Leichenteile und Fleischstücke aus 213 und packten sie in Plastikverpackungen, um sie als Beweise zu klassifizieren. Je mehr sie aus den Untiefen der Wohnung bargen, desto bestialischer wurde der Gestank.

Scanne diesen QR Code um dir die Aussage des Opfers vor Gericht anzusehen!

Im Januar 1992 trafen wir uns wieder: Rolf, Robert, Jeffrey, die Nachbarin und ich. Der Ort war der Milwaukee County Circuit Court und der Fall ging in die Geschichte ein als „State of Wisconsin vs. Jeffrey L. Dahmer". Meine Aussage war die wichtigste und ich war es, der für die Aufklärung von mindestens 17 Morden, die Jeffrey begangen hatte, verantwortlich war.
28 Zeugen wurden befragt und der Prozess kostete den Staat rund 120.000 Dollar. Es war das bis dahin teuerste Verfahren für das County. Mein Leben war danach verpfuscht. Ich bin nie wieder derselbe gewesen und habe das Erlebte psychisch nicht verkraftet. Immer wieder hat man mich wegen kleinerer Vergehen verurteilt, wie Diebstahl oder Drogengeschäfte. Heute bin ich obdachlos und denke jeden Tag an die Geschehnisse des 22.07.1991 zurück.

Kapitel 7

Das letzte Opfer

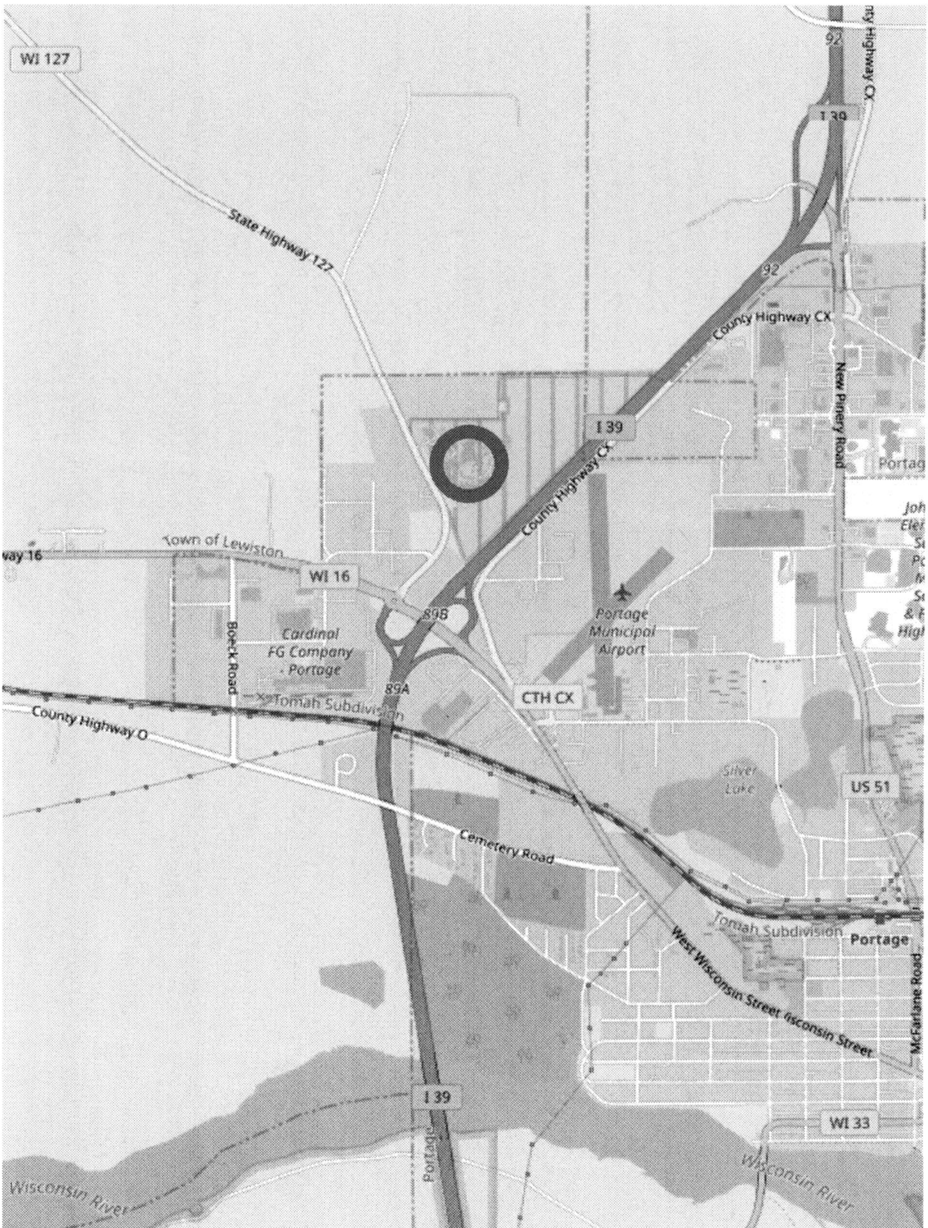

Psychologen nennen es den Messias-Komplex. Ein Mensch hört Stimmen, die ihn den „Auserwählten" nennen und geben ihm Befehle, bestimmte Dinge zu tun. Meistens grausame Dinge. Besondere Bekanntheit erlangte die Krankheit durch Charles Manson, der gewissermaßen eine Sekte anführte und mit seiner apokalyptischen Bewegung für mindestens neun Morde verantwortlich war. Die Geschichte, die ich Ihnen heute erzählen möchte, handelt von einer Person, auf deren Konto rund doppelt so viele Morde gingen.

Jeffrey Dahmer litt jedoch nicht am Messias-Komplex. Seine Motivationen waren triebgesteuert. Er tötete zum Vergnügen, um beispielsweise sexuelle Befriedigung zu erlangen oder um sich mächtig zu fühlen. Bei mir war das anders. Mein erster Mord hatte nichts Vergnügliches an sich und befriedigte ganz gewiss auch keinen Trieb. Zum damaligen Zeitpunkt erschien er mir notwendig und unausweichlich. Ich hatte keine andere Wahl. Ich musste Lohman erschießen.

Doch beginnen wir von vorn. Ich möchte, dass Sie mir genau zuhören. Ich bin jetzt über 50 Jahre alt und halte die Zeit für gekommen, die ganze und schonungslose Wahrheit zu erzählen. Viele Jahre lang habe ich es für mich behalten und die Welt im Dunkeln darüber gelassen, was genau am 28. November 1994 und in den Tagen davor geschah. Damit ist jetzt Schluss. Jetzt werden die Karten auf den Tisch gelegt.

Aus den psychologischen Gesprächen im Gefängnis (und von denen hatte ich eine Menge) kann ich Ihnen sagen, dass Therapeuten immer zuerst auf die frühen Jahre eines Täters eingehen, um herzuleiten, warum er zum Verbrecher wurde. Sie sehen Zusammenhänge, wenn ein Mensch als Baby keine Liebe bekam und als Erwachsener Gewaltexzesse verübt. Einmal habe ich sogar gehört, dass die Wahrscheinlichkeit, zum Serienmörder zu werden, rund 100 Mal größer ist, wenn man als Kind Tiere gequält hat. Eine absurde Statistik, wenn Sie mich fragen.

In meiner Kindheit wurden die Psychiater und Psychologen, die Psychotherapeuten und Sozialarbeiter, die Berater und Pfleger, aber auch die Staatsanwälte und Richter fündig. Sie erkannten das typische Muster und damit war es einfach für sie, eine vermeintlich schlüssige und kohärente Erklärung abzuliefern. Im Kern lautete diese: Bei Christopher J. Scarver ging in der Kindheit ordentlich etwas schief und deshalb wurde er zum Mörder.

Doch ich sage Ihnen: So einfach ist die Welt nicht. Wir Menschen neigen dazu, für komplexe Wirkungen einfache Ursachen zu suchen. Und je nachdem, in welche Richtung wir schauen, finden wir diese auch. Das Problem ist aber: Nur weil etwas logisch erscheint, heißt das nicht, dass es auch logisch ist. Und nur weil wir einen Zusammenhang zu erkennen glauben, heißt das nicht, dass auch einer da ist.

Lassen Sie mich Ihnen ein Beispiel geben. Rund 99% aller Terroristen, die für Brandanschläge verantwortlich sind, haben mindestens drei Mal in der Woche Brot gegessen. Also könnte man doch die These aufstellen, dass Brot einen direkten Zusammenhang mit Terrorismus hat. Verbietet man nun aber den Konsum von Brot - und Sie haben die Pointe meines Beispiels bestimmt schon erkannt -, dann ändert das rein gar nichts an der Häufigkeit terroristischer Aktionen. Vielleicht nehmen sie sogar zu, weil die Leute ihren täglichen Roggen oder Weizen vermissen und nicht wissen, worauf sie die Marmelade schmieren sollen.

Ursache und Wirkung. Wer kann schon sagen, wie die beiden Dinge zusammenhängen?

Bei Menschen funktioniert die logische Schlussfolgerung aus Ursache und Wirkung meiner Meinung nach nicht so einfach. Wir sind deutlich komplexer als Kugeln oder Wasserstoffatome. Unsere Gedankenwelt, unsere Handlungen, unsere Gefühle und alles andere, was uns ausmacht, würden den stärksten Supercomputer sprengen, wenn man ihm die Aufgabe geben würde, sie zu berechnen.

Doch die Richter haben bei mir nur Folgendes gesehen: Dieser Christopher Scarver wurde von seiner Mutter aus der Wohnung geschmissen, hat die Schule abgebrochen und fing an, Alkohol zu trinken und Marihuana zu rauchen. Kein Wunder, dass er auf die schiefe Bahn geriet. Außerdem war er arm und brauchte Geld, um an seinen Stoff zu kommen. Also hat er einen Raubüberfall begangen und dabei einen Menschen getötet.

Scanne diesen QR Code und erfahre mehr über Christopher Scarver, den Mörder von Jeffrey Dahmer!

Es war der 01. Juni 1990. Ich ging ins Wisconsin Conservation Corps und erpresste Steve Lohman mit vorgehaltener Waffe um Geld. Er gab mir nur 15 Dollar und glaubte, ich würde mich damit zufrieden geben. Angeblich hatte er nicht mehr. Als sein Chef sah, wie ich Lohman in den Kopf schoss, setzte das die Kreativität des Überlebenden in Gang. Zwar hatte John Feyen (übrigens der Standortleiter des Conservation Corps) auch nicht mehr Bargeld bei sich, doch immerhin war er so schlau gewesen, mir einen Scheck über 3.000 Dollar auszustellen.
Leider konnte ich das Geld nicht einlösen. Denn schon kurz nach dem ersten Juni wurde ich verhaftet und zu einer lebenslangen Freiheitsstrafe verurteilt. Man schickte mich in das Hochsicherheitsgefängnis Columbia Correctional Institution in Portage, Wisconsin. Rund 600 Insassen waren dort untergebracht. Einer von ihnen trug den Namen Jeffrey Dahmer. Zu dem komme ich gleich.
Was ich zuvor noch sagen möchte: In Wirklichkeit habe ich Lohman nicht nur des Geldes wegen getötet, um meine Sucht zu finanzieren. Das wird der Sache nicht gerecht und ist meiner Meinung nach die billigste Küchenpsychologie. Der tatsächliche Grund waren die Stimmen. Ich erzählte Ihnen doch vom Messias-Komplex. Bei mir hat man diese angebliche Krankheit diagnostiziert. Ich persönlich betrachte sie jedoch nicht als Stigma, sondern vielmehr als Geschenk.
Die Stimmen in meinem Kopf sind mein Zugang zu einer höheren Ebene. Gott sagt, was ich tun soll und ich erfülle seine Wünsche hier auf Erden. Das ist meine Aufgabe. Und diese Aufgabe ist der Grund, warum Lohman sterben musste. Das Geld war nur zweitrangig. Klar hätte ich es benutzt, um Alkohol und Gras zu kaufen. Doch die Substanzen waren nicht der Grund für mein Handeln. Gott ist der Grund. So wie er der Grund von allem ist. Kennen Sie die Theorie vom „ersten Beweger"? Ich sage Ihnen: Gott ist dieser Beweger. Und indem er mir Stimmen schickt, bewegt er mich.

Doch sprechen wir endlich über Jeffrey Dahmer. Er ist schließlich die Person, über die Sie etwas hören möchten. Seien Sie ehrlich: Mein Schicksal interessiert Sie nicht. Ich bin nur das Mittel zum Zweck. Das Werkzeug, um an Informationen zu gelangen. Sehen Sie, wie sich der Kreis schließt? Gott nutzt mich genauso als Hilfsmittel, wie Sie mich und meine Geschichte gerade als Hilfsmittel benutzen. Ohne mich würden sich die Räder der Welt etwas weniger drehen.
Ich nenne es die „Poesie des Göttlichen". Unser Herr ist der Künstler

und ich bin der Pinsel, mit dem er seine Farbe auf die Leinwand streicht. Oder um in meiner anfänglichen Wortwahl zu bleiben: Ich bin der Stift, durch den Gott seine Worte zu Papier bringt. Ich sorge dafür, dass der Wille des Herrn zur Realität wird.
Bei Jeffrey Dahmer war mir der Wille Gottes schon sehr früh klar. Ich hatte einen Zeitungsartikel ausgeschnitten, auf dem seine ganzen Missetaten aufgeführt waren. Mindestens 17 Morde, Vergewaltigung, Nekrophilie und beinahe alle der Opfer waren Schwarze. An dieser Stelle sollte ich Ihnen vielleicht sagen, dass ich ebenfalls Afroamerikaner bin. Von mir stammt der berühmte Satz: „Nichts, was Weiße Schwarzen antun, ist gerecht." Vielleicht haben Sie den schon mal gehört.

Justizvollzugsanstalt in Portage, Wisconsin

Die Stimmen in meinem Kopf sagten mir, dass ich Jeffrey zur Erleuchtung bringen musste. Er sollte für das sühnen, was er getan hatte und aufrichtige und ehrliche Reue für seine Taten zeigen. Leider gelang es mir bis zu Dahmers letztem Tag nicht, mit ihm allein zu sein und ihn zur Rede zu stellen.
Dennoch trieb er mich und andere Insassen des Gefängnisses „Columbia Correctional Institution" regelmäßig zur Weißglut. Ich erinnere mich, wie Jeffrey sein Essen hin und wieder so drapierte, dass es wie die Glied-

maßen eines Menschen aussah. Meistens waren es Würstchen, die er wie abgetrennte Finger formte. Anschließend verzierte er die Enden der Würste mit Ketchup, um die Illusion von Blut zu erzeugen.
Mir war klar, worauf er damit anspielte. Er wollte uns daran erinnern, dass er der „Milwaukee Cannibal“ war. Der Mann, der das Fleisch seiner Opfer aß und Körperteile als Trophäen aufbewahrte. Darauf angesprochen meinte er, dass er die aus Würstchen geformten Gliedmaßen im Gefängnis verteilen würde. Überall dort, wo sich Menschen aufhielten.
Natürlich machte er sich mit der Sache sowohl bei den Mithäftlingen als auch beim Personal der Anstalt keine Freunde. Insbesondere seine Aushänge am Schwarzen Brett sorgten für erhitzte Gemüter. Normalerweise annoncierten die Leute dort Termine für Selbsthilfegruppen, Spieleabende oder gemeinsames Kochen. Dahmer hingegen stellte seinen abstrusen Humor zur Schau und hängte Zettel auf, auf denen er zum Treffen der „Anonymen Kannibalen“ einlud.
Zwar wurden die gottlosen Aushänge meistens sehr schnell wieder abgenommen und in den Müll geworfen. Doch Jeffrey fielen immer wieder neue morbide Albernheiten ein, mit denen er täglich neue Feinde gewann. Und apropos Feinde: Im Normalfall erhielten wir Häftlinge nicht mehr als ein paar Briefe pro Woche. Allesamt wurden natürlich von Polizisten oder Wärtern durchgelesen, um subversive Botschaften sowie Ausbruchs- oder Verbrechenspläne herauszufiltern.
Dahmer erhielt während seiner Zeit im Gefängnis hunderte von Briefen. Vielleicht sogar tausende. Darunter waren Hassbotschaften und Morddrohungen, Verwünschungen und Flüche. Ein paar seltsame Vögel schickten ihm aber auch Bewunderungsschreiben und einige Damen sowie Herren machten ihm in Form von Liebesbriefen Avancen. Ab und zu befand sich sogar Geld in den Zuschriften.

Zu Beginn seiner Haft wurde Dahmer noch isoliert. Das heißt, dass er keinerlei Kontakt mit anderen Häftlingen hatte und nur einzeln auf den Hof durfte. Erst nach rund einem Jahr endete die Isolation und er musste sich in die Gemeinschaft integrieren, wie jeder andere auch.
Ich bekam mit, wie Dahmer Besuch vom FBI erhielt. Man erzählte mir, dass das Bureau dabei war, eine spezielle Methode weiterzuentwickeln, um Serienmörder zu fassen. Profiling nannte man sie. Bereits in den 70er Jahren tingelte John E. Douglas durch die Gefängnisse und befragte verschiedene Täter nach ihren Gedanken und Beweggründen. Er hatte bereits mit David Berkowitz, dem sogenannten „Son of Sam“, mit Ted

Bundy und mit John Wayne Gacy gesprochen und sich dabei einen gewissen Ruf aufgebaut.

Kurz bevor er in Rente ging, interviewte er nun auch Jeffrey Dahmer. Keine Ahnung, ob dabei etwas Relevantes herauskam. Vermutlich hätte dieser Douglas mehr über die menschliche Psyche und ihre Funktionsweise gelernt, wenn er mich statt dieses Kannibalen befragt hätte. Doch zu mir ist er nie gekommen. Anscheinend war ich mit nur einem Mord auf dem Kerbholz nicht wichtig genug.

Am 10. Mai 1994 schaffte es Jeffrey, alle anderen im Gefängnis zu täuschen. Nachdem er einen Bibelkurs absolviert hatte und sich regelmäßig mit Geistlichen unterhielt, bekam er die Taufe und galt fortan als Christ. Angeblich hatte er Gott gefunden und machte seine atheistische Lebensweise für seine Taten verantwortlich. In meinen Ohren hörte sich das wie Blasphemie an.

Ich war offenbar der Einzige, der seinen Lügen nicht auf den Leim ging. Kein Wunder! Denn ich hörte die Stimme Gottes. Ich wusste, dass Dahmer von unserem Herrn keine Absolution erhalten hatte. Daraus schloss ich, dass Jeffrey den Leuten etwas vorlog und sein angeblicher Glaube nur ein Lippenbekenntnis war. In Wirklichkeit diente er noch immer dem Teufel. Getreu dem Motto: Sei deinen Freunden nahe, doch deinen Feinden noch näher.

Auch der Pastor fiel auf ihn herein und stattete ihm regelmäßige Besuche ab. Sie lasen gemeinsam in der Bibel und interpretierten die Verse. Sie kamen mir schon fast vor wie Freunde. Sowas Unnatürliches! Dahmer versicherte, dass er niemals zum Mörder geworden wäre, wenn er schon eher zu Gott gefunden hätte. Er erzählte von seiner frommen Großmutter und wie gern er die Zeit zurückdrehen würde, um auf sie zu hören. Wie ein Teppichknüpfer verband er Lüge um Lüge zu einem komplexen Geflecht.

Scanne diesen QR Code und lies das Interview mit dem Pfarrer, den Jeffrey als Freund bezeichnete!

Mit jedem Tag, an dem dieser Pseudo-Christ den großen Vater verhöhnte, wuchs meine Wut auf ihn. Am liebsten hätte ich ihm den Satan aus dem Leib geprügelt und allen gezeigt, was für ein Scheusal wirklich in ihm steckte. Leider wusste ich nicht, wie ich an ihn herankommen sollte. In einem Hochsicherheitsgefängnis ist man nie ohne Aufsicht. Das gilt besonders für eine Berühmtheit wie Jeffrey Dahmer.

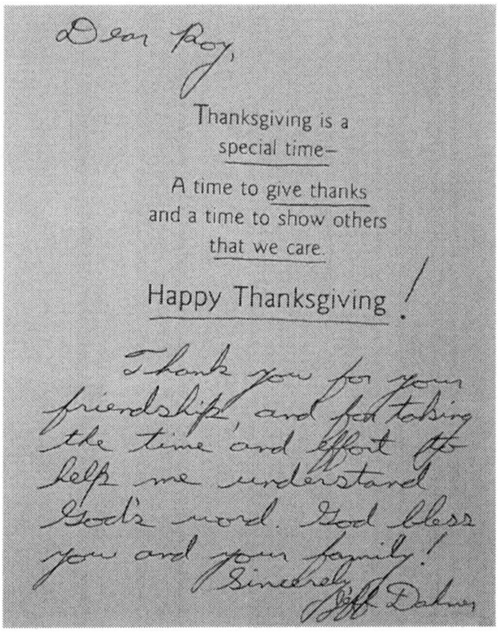

Dear Roy,

Thanksgiving is a special time–

A time to give thanks and a time to show others that we care.

Happy Thanksgiving!

Thank you for your friendship, and for taking the time and effort to help me understand God's word. God bless you and your family!

Sincerely,
Jeff Dahmer

Thanksgiving Gruß von Jeffrey

Ein paar Monate nach seiner Taufe flammte Hoffnung in mir auf. Während eines Gottesdienstes kam es zu einem Vorfall. Einer der Häftlinge hatte eine Rasierklinge in seinen Sachen versteckt und ging damit auf Dahmer los. Ihm gelangen zwar nur minimale Schnitte, bevor die Situation entschärft wurde, doch in mir begann ein Plan zu wachsen.
Wie erwartet, wurde Dahmer zum Zwecke seines Schutzes in Isolationshaft gesteckt. Da der Idiot jedoch nicht sonderlich an seinem Leben hing und diese Form der Haft extrem teuer für das Gefängnis war, einigten sich Dahmer und die Anstaltsleitung, dass man ihn wieder in den allge-

meinen Trakt verlegte. Dort sah ich meine Chance gekommen. Es sollten zwar noch ein paar Monate vergehen, bis ich sie umsetzen konnte, doch Geduld hatte ich mir mittlerweile zu eigen gemacht.

Eines Tages wurden Dahmer und ich in ein Arbeitskommando in die Sporthalle geschickt. Neben uns war noch ein weiterer Mörder in der Gruppe. Jesse Anderson, 37 Jahre alt, hatte seine Frau getötet, indem er ihr mit einem Messer mehrmals in den Kopf stach. Sie fiel ins Koma und zwei Tage später war sie tot. Jesse behauptete, dass die beiden von Baseballfans angegriffen worden waren.

Um seine Behauptung zu unterstützen, kaufte er vor dem Mord eine Kappe der Los Angeles Clippers und fügte sich selbst am Tag des Verbrechens ein paar Wunden im Brustbereich zu. Letztlich wurde er anhand der Einzigartigkeit der Tatwaffe überführt. Von Beruf war er Landschaftsbauer, arbeitete zusätzlich als Schatzmeister im Lions Club und hatte mit seiner Frau drei Kinder. Warum er seine Gattin ermordete, ist bis heute unklar.

Für mich war auch Anderson Abschaum und ich konnte die Stimme in meinem Kopf hören, die sagte, dass er genauso wenig das Leben verdiene, wie Jeffrey Dahmer. Sie erinnern sich an meinen berühmten Satz? „Nichts, was Weiße Schwarzen antun, ist gerecht." Ich hatte einen Zeitungsartikel gelesen, in dem beschrieben wurde, auf welche ekelhafte Weise Jesse sein Verbrechen unschuldigen Schwarzen anhängen wollte.

In der Halle, in der wir arbeiteten, gab es Spinde für die Sportler, um ihre Sachen wegzupacken. Sie ließen sich durch zwei Zahlenrädchen sichern und einer von ihnen galt als kaputt. Niemand benutzte das Fach und die Gefängnisleitung hatte es noch nicht für nötig gehalten, es zu reparieren. Ich jedoch wusste, dass der Spind nicht völlig kaputt war, sondern nur eine kleine Macke hatte, die sich überbrücken ließ. Diese nutzte ich, um eine Metallstange zu verstecken, die ich aus dem Kraftraum geklaut hatte.

Wir wurden von Wachleuten beaufsichtigt, die angehalten waren, uns keine Sekunde allein zu lassen. Unsere Aufgabe bestand darin, die Sanitäranlagen neben den Geräteräumen zu reinigen. Nicht die schönste Arbeit, aber auch nicht der schlimmste Job, den man im Gefängnis kriegen konnte. Genau genommen waren die meisten verfügbaren Dienste Reinigungs- oder Putzjobs.

Am Montag, den 28. November 1994, war es dann soweit. Ich kniete ge-

rade auf dem gefliesten Boden und schrubbte den Dreck aus den Fugen, als mich plötzlich etwas von hinten traf. Ich drehte mich um und sah, wie Jeffrey und Jesse lachten. Offenbar hatte sich einer von beiden mit dem Schrubber auf meine Kosten einen Spaß gemacht und ich konnte nicht sagen, wer es von ihnen gewesen war.
Doch das spielte auch keine Rolle. Denn viel wichtiger als der dumme Scherz war die Tatsache, dass er überhaupt passieren konnte. Denn dass er passieren konnte, fußte auf einer weiteren Tatsache. Nämlich, dass wir zur Abwechslung gerade mal nicht unter Beobachtung standen. Wo auch immer sie zu dem Zeitpunkt waren, die Wachleute, in deren Zuständigkeitsbereich wir uns befanden, waren nirgends zu sehen. Vielleicht waren sie eine rauchen gegangen, spielten Karten oder hatten es sich vor einem Fernseher bequem gemacht.
Wortlos ging ich rüber zu den Spinden, stellte auf dem Rädchen die richtige Kombination ein und holte meine Metallstange heraus.

RÄTSEL 10

Du stehst in der Sporthalle vor dem Spind in dem sich die Metallstange befindet. Das Schloss am Spind verfügt über zwei Zahlenreihen, von denen sich nur eine über Rädchen per Hand verdrehen lässt.
Die Zahlen reichen von 0 bis 12. Verdrehst du die Zahl in der 1. Reihe, ändert sich die Andere automatisch mit. Steht die Erste auf 4, zeigt die Zweite eine 7 und steht die Erste auf 11, zeigt die Zweite eine 2.
Öffne den Spint mit 6 - 8 - 4 - 12 - 10.

Lösung: ____________________________

____

____

Sie stammte von einer Hantel, die mit zwei Händen hochgehoben wurde. So eine, wie man sie für die Brustmuskulatur beim Bankdrücken benutzt. Ihr Eigengewicht betrug 12,5 Kilogramm. Sie lag hervorragend in der Hand und ließ sich schnell und elegant schwingen.
So wortlos wie ich gegangen war, kehrte ich zurück zu meinen beiden Arbeitskollegen. Zuerst wollte ich etwas tun, was ich schon seit 1992 tun wollte, wozu sich bisher jedoch nie die richtige Gelegenheit fand. Ich griff in meine Tasche und holte den Zeitungsartikel hervor, der über Dahmers Verbrechen berichtete.
„Hast du das wirklich gemacht?", fragte ich Jeffrey und hielt ihm den Ausschnitt vor die Nase. „All diese Morde begangen, vergewaltigt und dich an toten Leibern vergriffen?"
Er glotzte mich nur an und nickte. Ich fragte ihn, ob er aufrichtige Reue empfinden würde und bekam keine Antwort. Die Stimme in meinem Kopf flackerte auf:
„Töte ihn! Dieses Monster bereut gar nichts. Er verdient das Leben nicht."
Ich nickte innerlich und gab der Stimme recht. Nun war es an mir, den Willen Gottes umzusetzen.
Ich erhob meine Hantelstange und begann, auf Jeffrey Dahmer einzuschlagen. Noch heute sehe ich seinen überraschten Gesichtsausdruck mit den weit aufgerissenen Augen vor mir, als er das Metall auf sich zurasen sah. Ich denke, ihm war klar, welches Ende die Konfrontation nehmen würde. Man sagte mir, dass er einige Wochen zuvor seiner Mutter erzählte, dass es ihm egal sei, ob er weiterleben oder sterben würde.
Seine Mutter war eine gute Frau. Trotz der schrecklichen Taten besuchte sie ihn regelmäßig und versuchte, ihm Trost zu spenden. Sie brachte ihm ab und zu Süßigkeiten mit oder gab ihm Geld, sodass er sich etwas im Gefängnisshop kaufen konnte. Meine Mutter hätte das nie getan. Im Gegensatz zu Dahmer bekam ich keinen Besuch.

In den Sanitärräumen war es eng und Jeffreys Kopf knallte bereits durch meinen ersten Schlag mit der Stange gegen die Wand. Blut strömte aus seinem dämlichen Schädel und er verlor das Bewusstsein. Ich habe nur ein paar Mal auf ihn eingedroschen. Doch das reichte schon, um seinen Kopf so aussehen zu lassen, als handelte es sich um eine aufgeplatzte Tomate.
Ich hörte ihn röcheln und fühlte, wie das Adrenalin meinen Körper durchzog. Es war ein Zustand der völligen Ekstase und der Einheit mit Gott. Meine Kleidung hatte einige Spritzer abbekommen und war rot ge-

sprenkelt. Es roch salzig und fühlte sich warm an.
Als nächstes schnappte ich mir Jesse, der versucht hatte, wegzurennen. Es dauerte nicht lange, bis ich ihn kauernd in einer Ecke fand. Er flehte, ich möge ihn verschonen und hielt seine Hände schützend vor seinen Kopf. Zwecklos! Auch er bekam ein paar saftige Schläge und ging besinnungslos zu Boden. Alles Menschliche, was sich meiner Hantelstange in den Weg stellte, wurde zertrümmert.

Nachdem ich mein Werk verrichtet hatte, verließ ich unseren Arbeitsplatz und meinte zu den Wärtern: „Gott hat mir gesagt, dass ich das tun soll. Jesse Anderson und Jeffrey Dahmer sind tot." Sie hätten die Gesichter der Wachleute sehen sollen.
Zehn Minuten nach acht wurden die beiden noch lebenden Männer gefunden. Das Wörtchen „noch" spielt in diesem Satz eine große Rolle. Denn obwohl Jeffrey Dahmer direkt in ein Krankenhaus gebracht wurde, dauerte es keine zwei Stunden, bis er seinen Verletzungen erlag und für tot erklärt wurde. Jesse Anderson hielt etwas länger durch. Oder besser gesagt: Sein Körper hielt etwas länger durch. Denn sein Hirn war bereits während meines Angriffs von uns gegangen.
Die Ärzte schalteten nach ein paar Tagen die lebenserhaltenden Maßnahmen ab und erklärten schließlich auch ihn für tot. Und wissen Sie, welche Strafe ich bekommen habe? Zwei Mal lebenslang. Damit kam ich nun insgesamt auf drei lebenslange Haftstrafen. Obwohl diese Zahl drei Mal so hoch war wie meine ursprüngliche Strafe, hat sich an der Konsequenz nichts geändert. Mehr als ein Leben hatte ich ohnehin nicht zur Verfügung. Und im Gegensatz zu den meisten Menschen hatte ich meines sinnvoll genutzt.

Der Wille Gottes wurde durch meine Hand umgesetzt und beendete die wertlose Existenz von drei überflüssigen Menschen. Im Jahr nach meinem Doppelmord überführte man mich ins Federal Bureau of Prisons. Dort blieb ich nicht lange und kam schließlich ins ADX Florence, wo man mich bis zum Jahr 2000 immer wieder mit Fragen löcherte und psychologischen Untersuchungen unterzog. Die Therapeuten lernten viel von mir. Viel mehr als ich von ihnen.
Das erste Jahr im neuen Jahrtausend verbrachte ich im Wisconsin Secure Program Facility und seit 2001 bin ich auf Geheiß von Richterin Barbara Crabb im Centennial Correctional Facility untergebracht. Ich erzähle Ihnen das, damit Sie den Wahnsinn der amerikanischen Justiz nachvoll-

ziehen können. Nirgendwo glaubte man, dass mich jemand sachgemäß verwahren konnte und seitdem ich in Colorado bin, hält man mich in Einzelhaft. Zu groß ist die Angst, dass ich meinen Zimmergenossen umbringen würde.
Vermutlich werde ich diese Hallen hier nie von außen sehen. Bis zu meinem Tod, der wer weiß wann sein wird, werde ich hier schmoren. Das einzige, was mich davon abhält, den Verstand zu verlieren oder in Depressionen zu verfallen, ist die Gewissheit, dass ich Gott an meiner Seite habe. Er ist stolz auf mich und sollte er neue Aufgaben für mich haben, werde ich diese bereitwillig ausführen.

Scanne diesen QR Code und ließ ein Interview mit Christopher Scarver, dem Mörder von Jeffrey Dahmer!

Falls Sie sich fragen, was aus der Leiche von Jeffrey wurde und wie die Welt seinen Tod aufnahm, möchte ich ein paar weitere Worte über Jeffreys Mutter verlieren. Die gute Frau hieß Joyce und sie weinte bitterlich um ihren Sohn. Natürlich verurteilte sie seine Taten, doch egal, welche Gräuel Jeffrey auch beging: Ihre Mutterliebe bewahrte sie sich. Um der Gesellschaft etwas von dem zurückzugeben, was Jeffrey ihr genommen hatte, wollte sie sein Gehirn für wissenschaftliche Zwecke zur Verfügung stellen.

Ich ziehe in Erwägung, meines ebenfalls der Wissenschaft zu überlassen. Ich bin mir sicher, dass die Ärzte sehr viel daraus lernen können. Vielleicht entdecken sie darüber den Zugang zu Gott...
Doch zurück zu Dahmer: Sein Vater, ein gewisser Lionel, machte der Mutter einen Strich durch die Rechnung. Er erwirkte vor Gericht, dass Jeffrey eingeäschert wurde; mitsamt seinem Gehirn. Wahrscheinlich kein großer Verlust für die Forschung, doch für Joyce ein ärgerlicher Rückschlag.

Der Rest der Welt reagierte gemischt auf meine Tat. Es gab viele Menschen, die mich bejubelten und für das feierten, was ich vollbracht habe. Andere wiederum trauerten um den „Milwaukee Cannibal“. Was mich am meisten verstörte und bis heute nicht in Ruhe lässt, ist die Reaktion von Carolyn Smith, die Schwester eines seiner Opfer. Obwohl Dahmer ihren geliebten Bruder ermordete, weinte sie um Jeffrey. Sie nahm sogar an seiner familiären Trauerfeier teil und wünschte sich, dass ich Dahmer nicht getötet hätte. Die Beweggründe für ihr Verhalten werden mir für immer ein Rätsel bleiben.

Hinweise zu den Rätseln

Rätsel 1

Zahl 1: Lies den Text nochmal genau – in welchem Jahr geschah etwas, dass Jeffreys Wesen nachhaltig änderte?
Zahl 2: Die Antwort findest du auf Seite 19.
Zahl 3: Die Familie besteht aus seinem seinem Brudern, seinen Eltern und ihm.

Rätsel 2

Ein Arzt muss nicht unbedingt männlich sein.

Rätsel 3

Wenn du in ein Tal hineinrufst, wer antwortet dir, obwohl es weder Mund noch Ohren besitzt?

Rätsel 4

Ab dem zweiten Abschnitt auf Seite 36 sind vereinzelte Buchstaben kleiner geschrieben. Suche alle Buchstaben heraus und setze sie zu dem gesuchten Wort zusammen. Die Buchstaben sind bereits in der richtigen Reihenfolge.

Rätsel 5

Die Grundordnung der 6 Orte siehst du auf der Kiste. Jetzt musst du diese noch an die richtigen Positionen setzen. Nimm immer den ersten Buchstaben des Hauptwortes. Am besten nimmst du dir einen Stift und einen Zettel zur Hand und folgst den Hinweisen.

Rätsel 6

Wie könnte man aus dem Namen „Anton“ eine Zahlenkombination machen? Es könnte etwas mit den Buchstaben und deren Stellen im Alphabet zu tun haben.

Rätsel 7

Welche Bücher werden in diesem Kapitel erwähnt. Gibt es ein Buch, welches mit dem Wort „König“ in Zusammenhang gebracht wird
en kann?

Rätsel 8

Die Buchstaben wurden mit der Cäsar Verschlüsselung verschlüsselt. Verschiebe die Buchstaben um 2 Stellen nach links im Alphabet um die Botschaft zu erhalten.

Rätsel 9

Was wird in dem Text über die Handschellen gesagt? Lies dazu nochmal genau nach.

Rätsel 10

Um die richtige Kombination zu erhalten, musst du die Zahlen um 3 Stellen zurückdrehen.

Lösungen zu den Rätseln

Rätsel 1

Wie lautet die korrekte Zahlenkombination für Jeffreys Tagebuch?

Die korrekte Zahlenkombination ist die folgende: 64 – 5 – 4

Rätsel 2

Wer ist der Chirurg?

Es handelte sich um eine Frau – die Chirurgin war die Mutter.

Rätsel 3

Was bin ich?

Echo – die Lösung stand auch bereits im Text auf Seite 36.

Rätsel 4

Welches Wort offenbart sich dir?

Das gesuchte Wort lautet: Nekrophilie

Rätsel 5

Wie lautet der Code, um die Kiste zu öffnen?

Die richtige Anordnung ist

B (Burg)	F (Fabrik)
V (Villa)	H (Hütte)
S (Stadt)	K (Kirche)

Rätsel 6

Wie lautet die korrekte Zahlenkombination für das Schloss?

Die Zahlenkombination lautet 1 14 20 15 14
A=1, N=14, T=20, O=15, N=14

Rätsel 7

Wo befindet sich der Hausschlüssel?

Der Schlüssel befindet sich im Buch „ES“ von Stephen King.

Rätsel 8

Wie lautet die verschlüsselte Nachricht?

Sie lautet: Hilfe, ich bin nicht freiwillig bei diesem Mann!

Rätsel 9

Wo befand sich der Schlüssel zu den Handschellen und woher wusste Trant das?

Der Schlüssel zu den Handschellen befand sich – wie vorher die Handschellen – im Kühlschrank. Dies wusste Trant, weil sie sich kalt anfühlten und sich das Metall bei der Erwärmung etwas ausdehnte.

Rätsel 10

Wie lautet der korrekte Zahlencode für das Schloss?

3 - 5 - 1 - 9 - 7

Nachwort

Die meisten Daten und Fakten in diesem Buch entsprechen den tatsächlichen Geschehnissen rund um Jeffrey Dahmer. Um die Privatsphäre und Pietät der Opfer zu wahren, wurden diese Namen abgeändert. Trotzdem gibt es noch zu einigen Kapiteln etwas anzumerken:

Kapitel 3 - Die Briefe, die die Großmutter von Dahmer schrieb, sind reine Fiktion. Der Inhalt entspricht jedoch ihrem tatsächlichen Erleben und spiegelt damit die Gedankenwelt der älteren Frau wider. Es wurden lediglich kleinere Details über das Zusammenleben mit zusammengefasst, um ein besseres Leseverständnis aufzubauen. In Wirklichkeit wurde Jeffrey Dahmer zwei Mal von seiner Großmutter vor die Tür gesetzt und es gab ein Auf und Ab an Hoffnungen und Enttäuschungen.

Kapitel 4 - Dieses Kapitel verbindet durch die gewählte Perspektive zwei unabhängige Geschehnisse. Dahmer lernte immer wieder Männer im Club 219 kennen und ermordete diese auch. Ebenfalls wurde er einmal selbst zum Opfer, als er gefesselt und vergewaltigt in der Wohnung eines Fremden aufwachte. Jedoch stehen diese beiden Ereignisse vermutlich nicht im Zusammenhang - wobei es auch so gewesen sein könnte, wie in diesem Buch geschildert. Gesicherte Fakten gibt es hierzu nicht.

Kapitel 5 - Die Figur der Anwohnerin in den Oxford-Apartments entspricht nur zur Hälfte Dahmers tatsächlicher Nachbarin Pamela Bass. Diese schöpfte über lange Zeit keinen Verdacht und hat sogar einige der aus Menschenfleisch bestehenden Sandwiches gegessen. Im Rahmen der Geschichte dieses Buches verschmolz Bass mit Glenda Cleveland, einer Frau, die in der Nähe von Jeffrey Dahmer wohnte. Um das fünfte Kapitel aus einer einheitlichen Perspektive darzustellen, wurden die Erfahrungen der beiden Damen zu einem Kondensat verschmolzen. Die beschriebenen Geschehnisse entsprechen mitsamt den kalendarischen Daten der Wahrheit.

Kapitel 7 - Die Informationen über den Mörder von Jeffrey Dahmer entsprechen den Aussagen, die selbiger vor Gericht sowie in seiner Autobiografie „God Seed: Poetry of Christopher J. Scarver" lieferte. Das Buch schrieb Scarver im Gefängnis. Es wurde 2015 veröffentlicht und ist bisher nicht in deutscher Sprache erschienen. Für das siebente Kapitel dieses Buches wurden die Informationen seines Werks auf das Wesentliche begrenzt und sein Geständnis in die Gegenwart verlagert. Die Fakten rund um den Mord an Dahmer wurden beibehalten.

Da in diesem Projekt viel Arbeit und Herzblut steckt, würde ich mich über eine positive Rezension auf Amazon sehr freuen!

Solltest du Kritik oder Anregungen anbringen wollen, oder hast du einen Fehler im Buch entdeckt, bitte schreibe mir direkt eine E-Mail unter jd@atr-verlag.com

Ich freue mich über den Austausch mit dir!

Danksagung

Dies ist mein erstes Buch und es wäre ohne einige Personen nicht möglich gewesen. Daher möchte ich mich bei euch für eure Unterstützung bedanken.

Anton und Lars (@Bestellercode Podcast), ihr habt mich von der ersten Idee bis zum finalen Buch unterstützt und jederzeit mit Rat und Tat zur Seite gestanden. Ohne euch wäre dieses Projekt wohl nicht Zustande gekommen und ohne eure Expertise wäre es nur halb so gut geworden.

Mama, du bist meine Recherche-Expertin, Lektorin, Motivatorin und hast zu vielen Ideen in diesem Buch erheblich beigetragen. Obwohl du dich mit dem Thema True Crime ansonsten nicht auseinandersetzt, bist du inzwischen Jeffrey Dahmer Spezialistin. Danke für alles!

Printed in Poland
by Amazon Fulfillment
Poland Sp. z o.o., Wrocław

49541602R00076